「名师工程」名师解码系列

"国培计划"优秀成果出版工程
"国培计划"全国优秀研修成果数字出版平台

教育需要播种温暖
——谢文东与儒雅教育

书系主编 罗海鸥
余香 陈柔羽 王林发 刘海涛 ◎ 著

广东省普通高校人文社科重点研究基地粤西教师教育研究中心项目
"基础教育课程改革与教师专业成长研究"（11JDXM88001）研究成果

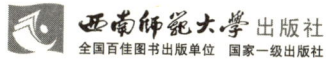

西南师范大学出版社
全国百佳图书出版单位　国家一级出版社

让教育返朴

让课堂童真

让每位孩子都儒雅般成长

谢文东，小学高级语文教师，历任湛江市晨光小学、湛江市第八小学校长。荣获"南粤教坛新秀""推动经典诵读突出贡献"校长、广东省"阅读之星"优秀校长等称号。致力于语文教育的改革与研究，主张"国学为本，儒雅成才"的教育思想。主持和参与多项省、市级课题，发表教研论文近20篇，主编校本教材4部。

《名师工程》系列丛书

学术指导委员会

主　任　顾明远

委　员　陶西平　李吉林　钱梦龙　朱永新　顾泠沅　马　立
　　　　朱小蔓　张兰春　宋乃庆　陈时见　魏书生　田正平
　　　　张斌贤　靳玉乐　石中英　钱理群

编撰委员会

主　任　马　立　宋乃庆

编　委　卞金祥　曹子建　陈　文　邓　涛　窦桂梅　冯增俊
（按姓氏拼音排序）
　　　　高万祥　郭元祥　贺　斌　侯一波　胡　涛　黄爱华
　　　　蓝耿忠　李韦遴　李淑华　李远毅　李镇西　李力加
　　　　李国汉　刘良华　刘海涛　刘世斌　刘扬云　刘正生
　　　　林高明　鲁忠义　马艳文　缪水娟　闵乐夫　齐　欣
　　　　沈　旎　施建平　石国兴　孙建锋　孙志毅　陶继新
　　　　田福安　王斌兴　魏　群　魏永田　吴　勇　肖　川
　　　　谢定兰　熊川武　徐　斌　徐　莉　徐　勇　徐学福
　　　　徐永新　严永金　杨连山　杨志军　余文森　袁卫星
　　　　张爱华　张化万　张瑾琳　张明礼　张文质　张晓明
　　　　张晓沛　赵　凯　赵青文　郑忠耀　周安平　周维强
　　　　周亚光　朱德全　朱乐平

《名师工程》系列丛书

征 稿 启 事

《名师工程》系列丛书是西南师范大学出版社策划、组织出版的大型系列教育丛书。丛书以新课程下的新教学为背景，以促进施教者的教育能力为落脚点，以提高教育质量、提升教师水平为宗旨。

丛书首批推出的"名师讲述""教学提升""教学新突破""高中新课程""教师成长""大师讲坛""教育细节""创新语文教学""教育管理力""教师修炼""创新数学教学""教育通识""教育心理""创新课堂""思想者""名师名课""幼师提升""优化教学""教研提升""名校长核心思想""名校工程""高效课堂""创新班主任""教育探索者"等系列，共160多个品种，其余系列也将陆续出版。为了让广大教师有一个交流、借鉴的机会，同时也为了给广大教师提供更多、更好的图书，《名师工程》系列丛书编辑出版委员会特向全国教育工作者征集稿件。

稿件要求：

1. 主题鲜明、新颖，有独创性。
2. 主题以提升教育能力为主，也可适当外延。
3. 主题要有一定规模、有典型案例支撑。
4. 案例要贴近教育实际，操作性强。
5. 文章、书稿结构清晰，语言精彩。

书稿作者在选题确定之后，请及时与我们做好沟通，具体事宜确定好之后再进行创作；也欢迎用已经完稿的稿件投稿。一线教师如希望参与图书案例的创作，可联系我社策划机构，由策划机构备案，在适合的图书中参与创作。

真诚欢迎各位教师踊跃投稿。

联系方式：

西南师范大学出版社高教分社
电话：023-68254356　　E-mail：zcj@swu.cn
西南师范大学出版社高教分社北京策划部
电话：010-68403096
E-mail：guodejun1973@163.com

编者的话

当前，以人为本的教育理念正在逐步深化，素质教育以及基础教育课程改革不断推进。在这场深刻又艰苦的教育改革中，涌现了无数甘为人梯、乐于奉献的优秀教师。他们积极探索、更新观念、敢于创新、善于改革，在实践中创造性地发展、总结了很多先进的教育思想、教育理念；创造性地开发了很多新的教学模式、教学内容和教学方法。这些新思想、新模式、新方法在实践中极大地提高了教学质量，是教育改革实践中的新内涵和宝贵财富。这些优秀教师就是我们的名师，这些新内涵就是名师的核心教育力。整理、总结、发展、推广这些教育新内涵，是深化教育改革、完善教育体制、提高教育质量、提升教师水平的一件大事。

教育，是民族振兴的基石；教师，是教育发展的根基。

胡锦涛在全国优秀教师代表座谈会上指出："教师是人类文明的传承者。推动教育事业又好又快发展，培养高素质人才，教师是关键。没有高水平的教师队伍，就没有高质量的教育。"十七大报告又进一步强调了必须加强教师队伍建设，不断提高教师的素质。当今世界，社会进步一日千里，科技发展日新月异，知识更新的周期越来越短。教师作为"文明的传承者"更要与时俱进，刻苦钻研、奋发进取，尽快提升自身素质和能力，为推动教育事业的健康发展贡献自己的力量。

基于以上，西南师范大学出版社策划、组织出版了大型系列教育丛书——《名师工程》。希望通过总结名师的创新经验、先进理念，宣传名师的核心教育力，为广大教师职业生涯提供精神源泉和实践动力，在教育实践层面切实推动从教者职业素养的提升。通过《名师工程》实现"打造名师的工程"。

丛书在策划、创作过程中力求实现以下特色：

一、理念创新，体现教育的人本精神

教师角色在以人为本的教育理念下发生了重大的变化，教师的素质和能力也面临更高的要求。如何弘扬、培植学生的主体性、增强学生的主体意识、发展学生的主体能力、塑造学生的主体人格等问题成为教师在目前教育中亟待解决的难题。丛书以教育管理者和教师为主要读者对象，通过教师综合素质的提高而将人本教育的思想落实到教育实践中，真正实现教育培养人、塑造人、发展人的本质要求。

二、全面构建，系统提升教师的教育能力

丛书选题的最大特点就是系统、全面地针对教师教育能力的提升而展开。施教者的能力决定教育的效果，教育改革的落实、教育效果的提高无不体现在教师身上。丛书针对不同教育能力、不同教学要求、不同教育对象，有针对性地设置选题。棘手学生、课堂切入、引导艺术、班主任的教导力、互动艺术、课堂效率、心灵教育等等，这些鲜明的主题从教育的细节出发，从教育实际情况出发，有针对性地解决问题，让教师在阅读中学有所指、读有所获。

三、科学权威，体现教育的时代前沿性

丛书邀请全国各地著名的教育工作者执笔，汇集在教育改革与实践中涌现的先进理念、成果和方法，经过专家认真遴选、评点总结而成，代表了目前教育实践中先进的教育生产力，具有时代前沿性，是广大一线教师学习、借鉴的好素材。

四、注重实践，突出施教的实用价值

丛书采用了通俗的创作方法，把死板的道理鲜活化，把教条的写法改变为以案例为主，分析、评点为辅，把最先进的教育理念和方法融入有趣的情境中。经典的案例，情境式的叙述，流畅的语言，充满感情的评述，发人深省的剖析，娓娓道来、深入浅出，让教师更充分地领会先进、有效的教育方法。

在诸多教育、出版界同仁的支持与努力下，《名师工程》陆续推出了《名师讲述系列》《教学提升系列》《教学新突破系列》《高中新课程系列》《教师成长系列》《大师讲坛系列》《教育细节系列》《创新语文教学系列》《教育管理力系列》《教师修炼系列》《创新数学教学系列》《教育通识系列》《教育心理系列》《创新课堂系列》《思想者系列》《名师名课系列》《幼师提升系列》《优化教学系列》《教研提升系列》《名校长核心思想系列》《名校工程系列》《高效课堂系列》《创新班主任系列》《教育探索者系列》等系列，共160多个品种，后续图书也将陆续出版。

丛书在出版创作过程中得到各地、各级教育部门与教育工作者的大力支持与帮助，在此一并表示感谢！

教育事业是全社会共同的事业，本丛书的出版一方面希望能对广大教育工作者有所帮助，共飨先进成果；另一方面也是抛砖引玉，希望更多的教育工作者参与到出版创作中来，百家争鸣、百花齐放，为促进教育事业的发展共同努力！

总 序
名师的"底牌"

  一个名师懂得学生的学习实际上就是为了获得美好的人生,懂得教学就是为了有效地提高学生的发展能力,也懂得学生的能力包括知识、技能和态度三个方面,更懂得培养学生这三方面能力的方式也应不同。一个名师十分清楚:知识的教育在很大程度上应该通过学校教育来完成;大部分生活技能应该通过家庭中父母的生活教育来完成;态度的改变、价值观的形成应该通过人文教育、社会教育来完成。

  对应着知识、技能、态度的是学校教育、生活教育、社会教育,一个名师在这三种类型的教育中应有自己的思考。譬如说,信息时代的名师非常清楚慕课的建设能使学校的教育教学产生革命性的飞跃,他会像拍一部好看的电视连续剧那样去精心设计教学内容和教学过程。那些知识点的精彩讲授,那些教学互动、教学训练的有效安排,那些教学案例与测评系统的精心设计……都将使学生高效、快乐地获得知识,发展能力。

  譬如说,一个名师的教育智慧在挖掘和发挥家庭教育的作用上也有充分的体现,他会告诉家长们怎样做一个胜过老师的好父亲、好母亲,怎样看到自己孩子的潜质和特长,怎样正确评价自己孩子的优点和缺点,怎样鼓励自己孩子去克服自卑、克服厌学而获得学习的成就感和快乐感;他会根据生活的实际状态,告诉家长在信息时代里如何培养自己的媒体素养和读写能力,如何以自身的读写形象来引导孩子的读写活动,以至能艺术地、不动声色地让自己的孩子养成终身受益的读写习惯。

  譬如说,一个名师的教学理念与教学方法的科学性,体现在他深深地懂得:人们对大千世界的研究是从个别、具体、感性走向共性、本质、理性的,而教育的过程则是从共性、本质、理性走向个别、具体、感性的,

故事教育就能很好地体现这一过程。我们看到，一个名师注重教育叙事的研究和撰写，很善于通过教学案例或教育故事的讨论与叙述来感染、感动学生的情态，改变学生的态度和情感。他研究故事的讲述模型和讲述技巧，他的教学常常是案例或故事先行，而到故事结尾，又非常睿智地点破这个教育案例或教学故事本身所包含着的教育理论和人生哲理。他非常清楚，具有正能量的榜样，在精彩的、有魅力的叙述中将产生正面说教不具有的力量。

本套丛书中的几位名师，全都在自己的教育教学领域做出了傲人的成绩。

比如，刘海涛是中国大陆第一个开设"微型小说写作"课程的人，他运用实践性学习的先进的课程思想、理念和方法，通过系统的、科学的教学设计，引导学生"自由写作""回应写作"，把"微型小说研究"建设成为一门研究型课程。在此过程中，他核心的课程理念和基本的教改方法——"研究性实践教学"逐渐清晰，并对此进行了初步的理论归纳和学术表达。同时，利用专题学习网站等现代教育技术创新课程形态，使"写作"课程从传统转型为现代。他的研究型课程教材《微型小说学研究》(3卷本)获"第四届小小说金麻雀奖"理论奖，《新写作》一书在2010年由高等教育出版社出版；学生的研究性学习成果《感动大学生的100篇微型小说》，在第八届"挑战杯"广东大学生课外学术科技作品竞赛中获得一等奖。

比如，梁哲顶着压力，在课堂中悄悄进行教学改革，并经过探索与实践，形成了"激问、激趣、激思"的教学风格，提出了"双主协调，共同发展"的教学理念，凝炼了"四环节开放式教学"的教学模式，在专业精神、专业知识、专业技能、教学研究和班级管理等方面不断丰富自我，超越自我，彰显自己，形成了自己的教学特色，受到业界的关注和肯定。

比如，张旭"弘扬传统文化，传承国学经典"，在现代教育中融入传统文化因素，着力构建"书香校园"，让学生接受优秀传统文化的熏陶，学会做人、学会做事、学会成长，明白"诵经尊孔学做人，知书达礼成大业"的道理，使一所创办不久的学校成为奇迹的明证。

比如，谭永焕长期致力于教学改革与实践，凝炼了"真心教育"的教学理念，形成了"教学的切入点要巧妙，课堂的动情点要凸显，课程的训练点要扎实有效"的教学特色，教育效果显著，引起广泛关注。

比如，谢文东主张和探索"国学为本，儒雅成才"的教育思想，确立"承启办学，厚德育人，精益求精"的办学理念，致力于儒雅教育的改革与研究，成绩斐然，产生了较大反响。

教学名师之所以深受社会认可，是因为他们拥有先进的教育理念、娴熟的教学技能、丰硕的教学成果、优秀的人格品质，与应试教育观念"反其道而行之"，他们的教育行为包含着教育的本义。教学名师懂得真正的教育智慧和教育艺术，他们懂得观察生活，并从中吸取智慧，让自己的课程建设、课堂教学、教育行为等体现出一种先进的、科学的教育理念与方法。从他们丰硕的教学成果中，我们看到他们在除却教育弊病时振臂直呼，看到他们对学生的那种满腔热情的大爱，看到他们对自己职业的一种执着追求，也看到了他们日常生活的凡人像和隐藏在内心深处的坚韧劲。

是为序。

刘海涛

2014年7月26日

目 录

上篇 专业成长

第一章 建业与图强：革故鼎新的专业发展 …………………… 3
 第一节 笃学不倦 ………………………………………… 3
  一、心无旁骛的专业学习 ………………………… 3
  二、昼耕夜诵读大专 ……………………………… 6
  三、挑灯夜战考本科 ……………………………… 8
 第二节 心系教育 ………………………………………… 11
  一、全心育人促发展 ……………………………… 11
  二、沉心办学创特色 ……………………………… 14
 第三节 初探教学方式 …………………………………… 21
  一、锐意进取得认可 ……………………………… 21
  二、创新语文教学法 ……………………………… 23
 第四节 自成教学方式 …………………………………… 28
  一、传统教学的困局 ……………………………… 28
  二、创新教学的试行 ……………………………… 31

第二章 春华与秋实：锲而不舍的专业求索 …………………… 36
 第一节 从教学，到教育 ………………………………… 36
  一、"徒弟"熬成"师傅" ………………………… 36
  二、身为校长，不忘教学 ………………………… 40

| 第二节 | 居首位，引众师 | 42 |

一、打造幸福的教师团队 …… 42
二、开展校本教研，培养卓越教师 …… 45

第三节　兴国学，播书香 …… 49
一、创新教学模式，弘扬传统文化 …… 49
二、特色古诗节营造书香氛围 …… 51

中篇　教育理念

第三章　亲切与温暖：营造和谐的育人氛围 …… 57
　第一节　亲切与温暖的含义、特点和意义 …… 57
　　一、亲切与温暖的含义 …… 57
　　二、亲切与温暖的特点 …… 59
　　三、亲切与温暖的意义 …… 61
　第二节　亲切如春：搭建育人平台 …… 63
　　一、亲生，还学生幸福的童年 …… 63
　　二、亲师，给教师提升的机会 …… 64
　　三、亲长，共筑家校育人平台 …… 66
　第三节　温暖似火：培育生命之花 …… 67
　　一、人文性教材，渗透生命教育 …… 67
　　二、人文化教学，培养语文素养 …… 69
　　三、生活作文，促进学生的作文学习 …… 71

第四章　儒雅与本土：创新素质教育 …… 73
　第一节　儒雅与本土的含义、特点和意义 …… 73
　　一、儒雅与本土的含义 …… 73
　　二、儒雅与本土的特点 …… 74
　　三、儒雅与本土的意义 …… 76

第二节　儒雅教育：有效性教学的固守 …………………… 78
　　一、拔新领异，新的课堂 …………………………… 78
　　二、务实去华，实的课堂 …………………………… 80
　　三、生气勃勃，活的课堂 …………………………… 82
　　四、协调一致，和的课堂 …………………………… 84

第三节　本土教育：研究性学习的取向 …………………… 85
　　一、"湛江红土文化之海韵文化"——生活的特色 … 85
　　二、"静听流年的声息"——古韵的回声 ………… 86
　　三、"舌尖上的湛江"——美味的回味 …………… 87
　　四、"走进湛江节日文化"——风俗的惊艳 ……… 87

第五章　继承与创新：彰显办学特色 …………………………… 89

第一节　继承与创新的含义、特点和意义 ………………… 89
　　一、继承与创新的含义 ……………………………… 89
　　二、继承与创新的特点 ……………………………… 91
　　三、继承与创新的意义 ……………………………… 93

第二节　继承：提升学校文化魅力 ………………………… 95
　　一、勤：天道酬勤 …………………………………… 95
　　二、和：和而不同 …………………………………… 96
　　三、思：多思多行 …………………………………… 96
　　四、端：仁义礼智 …………………………………… 97

第三节　创新：打造学校诗意文化 ………………………… 97
　　一、美化校容，打造学校环境文化 ………………… 97
　　二、推陈出新，打造学校活动文化 ………………… 99
　　三、和谐人文，打造学校管理文化 ………………… 100
　　四、开放发展，打造学校课程文化 ………………… 103

下篇　教育策略

第六章　教学生成：把握生成，动态拓展 …………………… 109
　第一节　生成性教学的基本内涵 …………………………… 109
　　一、生成性教学的含义 ……………………………………… 109
　　二、生成性教学的特点 ……………………………………… 111
　　三、生成性教学的原则 ……………………………………… 113
　第二节　生成性教学的主要价值 …………………………… 114
　　一、生成性教学的重要性 …………………………………… 114
　　二、生成性教学的必要性 …………………………………… 116
　第三节　生成性教学的实施技巧 …………………………… 118
　　一、转变教学观念，课前精心预设 ………………………… 118
　　二、创设教学情境，激发学生兴趣 ………………………… 120
　　三、巧设教学问题，关注学生思维 ………………………… 123
　　四、捕捉生成契机，鼓励学生质疑 ………………………… 124
　　五、营造民主氛围，优化教学评价 ………………………… 125

第七章　活动性德育：上善若水，厚德载物 ………………… 128
　第一节　活动性德育的基本内涵 …………………………… 128
　　一、活动性德育的含义 ……………………………………… 128
　　二、活动性德育的特点 ……………………………………… 129
　　三、活动性德育的功能 ……………………………………… 130
　第二节　活动性德育的主要价值 …………………………… 132
　　一、活动性德育的重要性 …………………………………… 132
　　二、活动性德育的意义 ……………………………………… 133
　第三节　活动性德育的实施技巧 …………………………… 134
　　一、关注学生主体，促成德育主动 ………………………… 134

目录

　　二、加强社会实践，丰富德育内容 …………………… 135

　　三、整合各方力量，提高德育实效 …………………… 138

第八章　学习游戏：教学有策，施教有方 ………………………… 140

　第一节　学习游戏的基本内涵 …………………………………… 140

　　一、学习游戏的含义 ……………………………………… 140

　　二、学习游戏的特点 ……………………………………… 142

　　三、学习游戏的原则 ……………………………………… 143

　第二节　学习游戏的主要价值 …………………………………… 144

　　一、学习游戏的功能 ……………………………………… 145

　　二、学习游戏的重要性 …………………………………… 147

　第三节　学习游戏的实施技巧 …………………………………… 149

　　一、吃透教材内容，明确教学目标 …………………… 149

　　二、收集游戏素材，设计学习游戏 …………………… 151

　　三、找准游戏时机，开展学习游戏 …………………… 152

　　四、总结游戏内容，加深知识理解 …………………… 154

成为一名卓越教师是谢文东从小就有的梦想。一路走来,他勤勤勉勉、苦读钻研,把宝贵的岁月都寄寓在勇往直前的追梦之中。而今,回首他走过的路,那正是一名卓越教师的成长历程。

上篇 专业成长

第一章 建业与图强:革故鼎新的专业发展

第二章 春华与秋实:锲而不舍的专业求索

第一章 建业与图强：革故鼎新的专业发展

从普通教师到卓越教师是一个"路漫漫其修远兮"的专业求索过程。在这个过程中，教师必须要有坚定的信念，能耐得住寂寞，才能逐渐提升自己的专业能力。专业能力发展是一个从量变到质变的过程，在这一过程中，教师应"上下而求索"。

第一节 笃学不倦

每一位卓越教师的成长环境都不一样，经历也迥然各异，但都能够在三尺讲台上开辟出属于自己的一片天地，这就向人们昭示了一个"硬道理"：卓越教师的成长过程是一个笃学不倦、学而不厌的过程。

一、心无旁骛的专业学习

1984年，谢文东进入广东省湛江市遂溪师范学校学习。还没到学校时，谢文东很兴奋，因为这是他向往已久的地方。当他踏入学校之中，不禁感到十分失望：现实中的学校与想象中的学校差距太大了。但他马上调整好心态，决心好好学习，一定要成为一名优秀的教师。"我要成为让学生喜爱的教师"，这个信念一直激励他勤奋学习，度过了三年美好的时光。三个春秋，一千多个日夜，谢文东日出而学，日落未息，为专业成长奠定了坚实的基础。

（一）初到中师

1984年的初秋，谢文东离开了自己的家，离开了亲人和朋友，踏上了求学的旅途。他怀着喜悦的心情来到遂溪师范学校，但这种心情在入校后不久就烟消云散，继而是一阵失落。破旧的教学楼，落后的硬件设备，完全与谢文东想象的学校形象大不相同。那时，他才深刻地体会到什么叫作"希望越大，失望越大"。

笔者（以下简称"笔"）：您还记得自己初到中师的感受吗？

谢文东（以下简称"谢"）：记得挺清楚的。在没去之前，我对学校是很向往的，但是到了那里就很失落了。遂溪师范学校的环境比较差，比我初中的学校环境还要差，所以我去了之后就有点后悔。这是我第一次独自生活，感到很凄凉、很孤单。

由于初到中师，谢文东对于陌生的环境与崭新的生活还不太适应，产生了失落感。这是大部分新生初到学校都会发生的情况，谢文东也一样。在刚开学的那段时间里，谢文东每天都沉浸在莫名的失落中，几乎忘记了自己报考这所学校的初衷。他甚至怀疑自己的选择是否正确，怀疑这所破旧不堪的学校能否教给他当一名优秀教师的本领。

不久之后，谢文东在一本书——《钢铁是怎样炼成的》中找到了答案。这部小说描述了保尔和他的战友面对着恶劣的工作条件和武装土匪的骚扰，忍受着疾病、饥饿的威胁，最终将铁路如期建成。这种不为外部环境所困扰、一心为着自己的理想奋斗的精神让谢文东如梦初醒。"学习主要是靠自己，而不是靠环境。"谢文东终于明白了这个道理。他赶走了心中的迷茫，调整好自己的心态。"既然我不能够改变环境，那就改变自己的心态。"谢文东恢复了当初走上考场的昂扬斗志，开始了自己的学习生活。现在谢文东回想起初到中师的日子时，意味深长地说："人总会有失落的时候，只要坚定自己的理想，改变自己的心态，失落很快就会过去的。"

多年以后，谢文东越来越明白：决定个人成长的因素中，环境并不是最重要的，理想、意志和毅力才是关键。从谢文东成长的过程中，我们能读出两个关键词：信念和执着。每位卓越教师在成长的道路上，都可能迷茫或失落过，但最后，他们都依靠自己坚定的信念走出了困扰，凭借自己的执着和坚持走向了成功。

当无法改变外部环境时，不妨改变自己的心态，这就是谢文东成长的秘密。

（二）博学强识

教师的专业成长是一个专业知识、教育知识与实践知识相融合的复杂过程。从一名普通教师成长为一名卓越教师，必须从踏踏实实的专业知识积累开始。深知这一点的谢文东在专业知识的学习上是十分努力的，在中师学习的三年时间里，他不像其他同学那样总爱往家里跑，寒暑假期间，他大都是留在学校学习。

中师的学习可以说是轻松的，也可以说是辛苦的。说它轻松，是因为它不像高中那样要面临升学的压力，考试只要达到及格就能顺利拿到毕业证，就可以找到工作；说它辛苦，是因为学习内容驳杂艰深，需要勤奋好学才能真正掌握。如果说初中的学习是幼儿学走路需要老师带领着，那么中师的学习就是独立自主的奔跑了。为了掌握系统的专业知识，谢文东做了一个学习计划，并严格按照计划进行学习。中师三年，谢文东未曾逃过一节课，他每次都提前来到教室，上课认真听讲，按时完成作业。每一本教科书上都布满了谢文东的字迹，记录着他的思考与感悟。除了教科书，谢文东还在图书馆大量阅读了其他的专业书籍，力求拓宽专业知识面。

"我读书喜欢先把书读薄，然后再把书读厚。"这是谢文东学习专业知识的诀窍。所谓"将书读薄"，是指将书本中的零散知识归纳总结，提炼出精华，这是一个消化、理解和融合的过程。所谓"将书读厚"，是指要广泛读书，一步一步地拓宽知识领域，这是一个学习、接受和丰富的过程。

书是成长路上的良师益友，良好的读书方法能够提高读书效率，这是我们在谢文东身上得到的启示。

二、 昼耕夜诵读大专

1987年，谢文东从遂溪师范学校毕业，被分配到湛江市赤坎区的一所乡村学校——文保小学，从此正式开始了他的教师生涯。在乡村小学工作期间，谢文东深切体会到"书到用时方恨少"这句话的含义。为了使自己的教育素养更加深厚，教学艺术更上一层楼，谢文东决定在职攻读语文教育专业。

（一）白昼"耕耘"

在20世纪80年代，我国农村教育还比较落后，教学设备非常差，师资力量也极其薄弱。而且，农村小学的大部分教师连普通话都说不标准，上课使用的还是方言。

刚来到文保小学，谢文东面对着环境不好的学校、陈旧落后的教学方式、基础较差的学生，没有怨天尤人，他知道"是金子总会发光"的道理，他坚信自己一定能教好学生，成为优秀的教师。在文保小学，谢文东是一个富有激情、踏实肯干的热血青年，他最初承担班主任和语文教学工作，不久就赢得了校领导的重视与重用。在其他人看来，谢文东在文保小学过得清贫寡淡，而他却觉得日子过得丰富多彩。"白日与学生为友，传授知识；夜晚与书本为友，汲取知识。这怎么能算清贫寡淡呢？"谢文东说。谢文东担任班主任的班级是全校出了名的"差班"，调皮捣蛋的学生比较多。刚开始，校长将全校最差的班级交给谢文东管理时，很多同事都为他担心，认为一个新手不可能把班级管理好。然而，一个学期结束了，谢文东所带领的班级却被评为"文明班级"，大家都大吃一惊，从此对他刮目相看。大家问谢文东是如何把一个"差班"管理得如此之好的，他给大家讲了一个故事。

林卓豪是班中的"调皮大王"，许多学生都受到他的影响跟着调皮捣蛋。谢文东几次家访，向林卓豪的父母反映这个问题，但是效果一直不好。后来，谢文东找到林卓豪的父母商量，提出让林卓豪跟自己一起生活一段时间，林卓豪的父母同意了。在一起生活的日子里，谢文东一边教导林卓豪，一边从生活上关心他。谢文东还将林卓豪任命为班干部，负责班级学风建设，这使林卓豪有了自信。林卓豪一点一点地发生了变化，最后不再调皮捣蛋，学习成绩也提高了不少，还跟谢文东成了好朋友。与其他教师使用批评惩罚的手段相比，谢文东采用了用爱感化学生的方法，最后让学生自己教育自己，达到了良好的效果。

谢文东在文保小学一待就是四年。在这四年时间里，他不曾缺过一节课，每天都是鸡鸣而起，披星而归，力求做到最好。可以说，这所乡村小学是谢文东成为卓越教师的起点。

（二）夜晚诵读

时至今日，谢文东已经从事教育教学工作二十多年了。这些年来，他从没有离开过书本。当初他去文保小学带的行李箱中，书籍占据了二分之一的空间。每天学生放学回家后，谢文东就独自留在学校的宿舍中继续他的学习。后来，谢文东决定自考成人大专，这意味着他要同时兼顾教学工作与个人学习，要付出更多。几乎没有人会否认"自考是中国考试中最难的一种"，因为自考没有教师辅导，也没有同学互相鼓励，更没有固定的学习时间。谢文东——这个不愿意轻易说放弃的人却依靠自己顽强的毅力考上了湛江师范学院（今岭南师范学院）的大专夜校，开始了肩负教学与学习双重任务的生活。

笔：您在当教师不久后又自考了专科。为什么您会有这样的决定呢？那段日子辛苦吗？

谢：之所以有这样的决定，是因为感觉自己的知识不够充足、不够系统，还需要继续学习，不断地改善、提高自己。在那段日子里，兼顾工作与学习，肯定很辛苦。但是，学习是件快乐的事情，读书是我最大的爱好，所以，我其实算是"痛并快乐着"。读夜大的那段时间，我白天上课，晚上去读书，感觉特别充实。

直到现在，谢文东依然记得当初与明月为伴，与星星为友，诵书自考的那些夜晚。他说，很少有教师知道当学校人去楼空之后的静谧感觉是什

么样的,而他深有体会。当学校褪去了白天的喧闹变得静谧时,就是谢文东结束白天的教学工作,开始夜晚诵读的时候。在那段时间里,他一个人坐在宿舍的书桌前,一头扎在学习中。累了,抬头看看明月亮星;饿了,就着开水啃一个馒头。他常常看书到很晚,有时候直接趴在书桌上就睡了,醒来再接着看书。在那段清贫的日子里,谢文东默默地自学,追求着自己的目标。

普通教师与卓越教师最大的区别就在于对未来的追求。普通教师贪图安逸,不想做出任何改变,因此,他们对自身并没有多大的要求。卓越教师总是渴望提升自己、完善自己,这种追求让他们在不断的学习中逐渐摆脱平庸,最后达到卓越。谢文东正是如此。之前,当谢文东决定继续进修时,周围的同事都对他说:"你何必这么辛苦呢?你已经有一份稳定的工作了,老老实实过日子就行了。"但是,对谢文东来说,他无法容忍平庸,不愿意得过且过。三年教学与学习兼顾的生活,三年在职苦读的生活,不仅增长了谢文东的学识,更磨炼了他的意志。如今,谢文东已经进入了卓越教师的行列,而当初让他老老实实过日子的人依然重复着原来的日子。

三、 挑灯夜战考本科

庄子说:"吾生也有涯,而知也无涯。"随着时代的发展,社会对教师的要求也越来越高。暂时离开教学岗位,从事学校行政工作的谢文东再一次感觉到自己知识的贫乏,专科的学历已不能满足工作的需要。已工作多年的他,毅然决定重拾书本,自考本科。

(一) 需要"充电"

不读书,教师的思维角度就会变得狭隘;不反思,教师的职业动力就会逐渐消退;不研究,教师的专业发展就会越来越慢。1991年,谢文东调入湛江市晨光小学,先后担任班主任、教导主任和副校长。在此期间,晨光小学进入高速发展时期,谢文东在倍感欣喜的同时,却隐约感到一丝不安。是什么使自己感到不安呢?谢文东思索着。原来,由于担任学校的副校长，谢文东全身心地投入学校的行政管理中，与自己热爱的教学工作渐行渐远。与教学工作和学术的疏离，让谢文东产生了浮躁和不安的感觉，也导致谢文东的教育和研究能力停滞不前，对教育前沿动态的了解越来越少。后来，谢文东将自己的困惑告诉了一位教育专家。教育专家对他说，教师专业发展强调教师的终身学习和终身成长，只有严格而持续不断地学习，教师才能获得并维持专业知识及专业技能，才能熟悉教育领域的发展变化，所以，教师应时常"充电"，或是回到校园，或是参加进修班，保持对专业知识的系统学习。教育专家的话让谢文东如梦初醒：自己应该"充电"了。此外，在一个强手如林的学校中，他身为副校长，学历却比别人低，这如何能获得别人由衷的尊重和敬佩呢？谢文东想到提升自身实力的第一招，就是将专科文凭"换成"本科文凭。这一"换"的过程充满了艰辛。

笔：我知道，在您当上了晨光小学的副校长以后，又决定重回校园学习，完成自考本科。这是为什么呢？

谢：1995年，我当上了副校长，主要管理学校的行政与教学工作，就很少再给学生们上课了，也脱离了学术圈。但是，我还是一直渴望回到课堂，站在讲台上给学生讲课，毕竟教书育人是教师的首要职责。因此，那个时候我认为自己需要"充电"，需要补充知识了，这样才能回到学术圈，回到讲台上。

走上教师岗位以后，有些教师会产生一种倦怠心理，总以为自己的所学已经足以应付教学需要。但是，在这个知识爆炸的时代，继续保持自以为是、抱陈守旧的观念是难以应对时代挑战的。因此，自觉的、不间断的学习对教师显得尤为重要。教师的专业发展是一个永不停息、与时俱进的过程，教师只有不断获取、补充新知识，才能与时俱进，胜任教学工作。从普通教师到卓越教师的过程，就是一个不断更新自己的知识、丰富自己的内涵、提高自己的素养、提升自己的能力的过程。

（二）自考本科

为什么获得了大专文凭后还选择自考本科？谢文东给我们讲了一个小

故事。有两个人在森林里过夜,早上突然跑出了一头熊,其中一个人忙着穿球鞋,另一个人对他说:"你把球鞋穿上有什么用?反正我们也跑不过熊!"忙着穿球鞋的人说:"我是要跑过你。"这个小故事告诉我们,面对这个充满变数且竞争激烈的时代,只有做好准备,跑得比别人快,才有竞争优势,获得生存机会。不断提升学历和拓展专业视野正是提升个人竞争优势的一条重要途径。

自考本科就是谢文东增强竞争力的方式之一。

自考是一条漫长且艰难的路,很多人都在中途退了下来。谢文东却认为,正是因为这条路走起来漫长且艰难,所以才更能验证一个人的毅力和能力。"路漫漫其修远兮,吾将上下而求索",谢文东想要学习屈原的这种精神。从决定自考本科那天起,谢文东就深切地体会到了"时间是挤出来的"这个道理。每天早上四点钟,当大家还在沉睡时,谢文东就已悄悄起床,来到书房开始学习。六点多,匆匆吃过早饭后,谢文东又马上赶去学校上班。以前考中师时,谢文东的口袋里总会装一本小册子。如今,他的口袋里又出现了小册子。"我感觉自己好像又回到了初中,又成为一个为理想奋斗的学生了。"谢文东说。

选择自考,就意味着选择了艰辛、困难,选择了寂寞、孤独。当被问到堂堂一个副校长为什么还要自找苦吃——自考本科时,谢文东的神情变得严肃起来,他沉思了一会儿,说:"只有经历过自考的人才知道自考有多么辛苦。在刚开始的时候,我也问过自己,已经是一个副校长了,还有必要那么辛苦地自考本科吗?但是,我马上意识到这样想真是错得离谱。时代在发展,知识在更新,教师也应该随着时代的发展和知识的更新而不断学习,这才是一个优秀教师、卓越教师正确的做法。"

在备考的那段时间,谢文东工作、学习两手抓,常常将自己弄得筋疲力尽。白天在学校,他忙着处理学校的大小事务,稍有空闲就拿出自己的小册子进行复习。有一次,由于劳累过度,谢文东生病了,被校长"勒令"回家休息。尽管医生一再强调要他多注意休息,但是在家养病的谢文东依然一边工作一边学习。看到谢文东如此勤奋、刻苦,同事们都自愧不如,对他赞不绝口:"谢校长绝对是我们的学习榜样!"在谢文东的影响下，学校里不少教师也开始学习，有的自考本科，有的报考研究生。

综观所有的卓越教师，不难发现这样一个特点：他们都是学习者，都爱学习，对知识的追求永不止步。时代在发展，知识在更新，教师只有不断提升自己，才能适应社会的要求，才能成就卓越。面对这个纷繁喧嚣的社会，太多的诱惑使很多教师迷失了前进的方向，止步不前，这是他们未能成为卓越教师的重要原因。要成为一名卓越教师，就必须时刻牢记自己的目标，一心一意朝着目标前进。同时，要抓住时代的脉搏，更新自己的知识，随着时代一同发展。

第二节　心系教育

自从1987年谢文东迈出遂溪师范学校的大门，至今不知不觉已近三十年了。谢文东从开始的迷茫、懵懂到后来的清晰、明确，走过了一段不一般的历程；从普通教师到卓越教师，经历了一次又一次思考、行动、反思、再行动的螺旋上升过程。其中，唯一不变且一直贯穿谢文东成长始终的，是他那颗始终向着教育的心。正是这颗心激励着谢文东，让他一路的行走未曾懈怠，逐渐达到了顶峰。

一、全心育人促发展

如果说在乡村小学任教的四年是谢文东沉心磨炼教学技能的四年，是他准备迈向卓越教师的四年，那么，在晨光小学工作的二十年就是他专业升华的二十年，是他成为卓越教师的二十年。

（一）乡村任教

1987年初秋，谢文东带着简单的行李——一张席子，一个脸盆，还有一个装着半箱书的小箱子，来到文保小学，拿起教鞭，正式开始了自己

的教育生涯。其实，谢文东从未想过自己会被分配到这样偏僻的乡村小学，因为在中师的三年中，他的学习成绩十分优秀，得到了同学、老师的一致称赞，他一直以为自己能留在城里的小学。得知自己被分配到文保小学后，他虽然也有些失望，但或许是因为对教育爱得深沉，他对自己成了一名教师仍然感到十分兴奋。

对这个来自城市的优秀中师毕业生，文保小学的校长对谢文东寄予了厚望，他将所有教师都敬而远之的、全校最顽皮捣乱的、成绩最差的四年级（1）班交给了谢文东。初入职场，谢文东就面临这样一个巨大的挑战，让他倍感压力。"压力就是动力，教师对学生的爱不应该用成绩来衡量。"谢文东微笑着接受了校长对他的厚望。

教师的立足之本是教学，只有上好课，才能获得学生的尊敬。但是，一个只会上课而不会爱学生的教师，是得不到学生的爱的。上好课对于教学基本功扎实的谢文东来说并没有多大的困难，但是如何接近学生，如何获得学生的喜爱，却成了他面临的最大问题。谢文东刚刚毕业，深知学生表面装出一副与老师对抗的样子，其实内心是非常渴望得到老师的关注与理解的。于是，谢文东放下架子，经常借一些活动的机会接近学生。周末，他会带着一群学生到野外开展活动，或是烤番薯，或是放风筝，或是采摘野菜等。就这样，他与学生的心逐渐靠近了，学生对他越来越喜爱，课堂纪律越来越好，学习成绩也越来越高。

苏联教育家苏霍姆林斯基说："爱学生——这是作为影响他人精神世界的教育者的灵魂，热爱每一个学生是教育者必备的道德情感。"谢文东用自己的行动诠释着这一名言。一次，谢文东发现有名男生一直趴在桌子上睡觉，经过询问，得知这名学生发高烧了。这名学生的父母远在外地工作，家里只有年迈的奶奶。谢文东安顿好其他学生后，骑着自行车把这名学生带到卫生所打吊针，中午又煮好饭，送到卫生所给他吃。下午放学，谢文东又将他送回家，他年迈的奶奶紧紧抓着谢文东的手说"谢谢"，但是谢文东只是简单地说了一句："我是他的老师，有责任照顾他。"后来，当谢文东要调到市区小学任教时，学生与村民都强烈地要求留住他。现在，谢文东还与那些学生保持着联系，有不少学生在他的影响下报考了师范类专业，也立志成为一名好教师。

作为一名教师，不仅要有渊博的文化知识、高超的教学艺术，更重要的是要有一颗爱心——对学生的爱，对教育事业的爱。高尔基说："只有爱学生的人才会教育学生。"没有爱心，就不要选择教师这份职业；没有爱心，就不要幻想赢得学生的爱。教师的爱心来自对教育事业的深刻理解，来自对学生高度的责任感，这是成为卓越教师的必备条件。

（二）公开赛课

学校是教师专业成长与发展的重要场所，教师的发展离不开教育实践。课堂教学是教师专业成长最为重要的渠道，而公开赛课则是加速教师专业成长的最有力的推手。

笔：参加公开赛课是教师成长的必经渠道，您还记得自己第一次参加公开赛课的情形吗？

谢：我的第一次公开赛课是在湛江市第八小学（以下简称"八小"）举行的，那时候我还在文保小学任教。当时，校长接到市里举办公开赛课的通知后，就对我说："小谢，你去参加吧。"那时候，我比较犹豫，因为我是新来的，几乎没上过公开课，校长也没有听过我的课，更没有教导主任指导我，我不知道该怎么上。校长知道我的顾虑，他说："这次的公开赛课不要求你一定拿奖，只有两点要求——不拖堂、不提早下课，做到这两点就行了。"我想这应该是一次锻炼自己的机会，尽管没尝试过，缺少底气，但是机会来的时候就要抓住。于是，我花了很大心血来准备那次的公开赛课。当时我上的是《跳水》这一课，课文讲的是一个船长的儿子为了追猴子爬到了桅杆上面，结果把自己置于一个非常危险的处境，直至船长威胁要用枪射他，他才敢跳到水里的故事。那次赛课所有的准备都是我自己完成的。因为我在文保小学任教的时候就比较敢于尝试用新方法去教学生，所以在准备那次公开赛课时我就想，教学方法一定不要跟别人相同，要有自己的创新。后来，在公开赛课中，我表现得很好，还得了奖。由于我创新了教法，被前来观赛的晨光小学校长看中，并邀请我去他们学校任教。

回顾谢文东将近三十年的教育生涯，他就是在一次又一次的公开赛课中磨炼成长的。如今，谢文东的课堂教学水平已经炉火纯青，他很庆幸当初抓住了机会，参加了那次改变自己命运的公开赛课。当然，机会只垂青有准备的人，谢文东为了参加公开赛课，吃了不少苦头：教案修改了一遍又一遍，教材研究了一遍又一遍，常常睡到半夜想到新点子，就马上爬起来修改教案。比赛那天，不大的教室里除了学生，还挤满了来自湛江市各区的优秀教师和教育专家。面对那些经验丰富的竞争对手，谢文东没有紧张慌乱，而是信心满满。当他走上讲台后，从容淡定地向评委介绍了自己，然后开始了自己有生以来的第一次赛课。或许正因为他是新手，谢文东的教学没有受到条条框框的束缚，让在座的评委耳目一新。他采用问题探究的教学方法，先是向学生抛出一个问题，让学生分小组合作学习、共同探究。他还鼓励学生大胆地提出问题，赞赏学生对问题的不同解读，整个教学过程显得颇有创意。课后，不少专家学者和校长对他大加赞赏。其中，晨光小学的校长对他更是赞不绝口，当场向他伸出"橄榄枝"，邀请他到晨光小学任教。由此，谢文东开启了他教育生涯的新篇章。

谢文东认为，公开课和比赛课对教师知识体系的完善、教学技能的提高和教学方法的改进起着非常重要的作用，可以说是教师专业成长的催化剂。如果一个教师完全把自己封闭在自我的小天地里，其专业成长一定是缓慢的，只有将自己投放到公开课或比赛课这样的检验平台上，才能促进专业成长，提高专业水平。

二、沉心办学创特色

谢文东不仅是一位卓越的教师，也是一位优秀的校长。尽管头戴多项荣誉光环，但是他没有丝毫的骄傲自满。从教师到校长，并没有改变他对教育的热爱。相反，他利用校长这一平台，积极为教育拓展思路，探索新途。

(一) 建设文化校园

如今,谢文东已经从一名教师成为"八小"的校长,虽然身份变了,但是那颗热爱教育事业的心没有变。他当上校长后,做的第一件事情就是改善学校环境,建设文化校园。"情因境而生,学因境而成。学生很容易受到环境潜移默化的影响,建设一个文化氛围浓郁的校园,能够促进学生的快乐健康成长。"怀着这样的想法,谢文东从精神文化、环境文化、活动文化、家校文化、管理文化和课程文化六个方面来打造文化校园。

1. 打造学校精神文化,彰显持续发展的氛围

学校精神是学校发展的灵魂,是引领学校持续、健康发展的价值观导向。谢文东在研究学校发展史的基础上,组织全体教师围绕"八小精神是什么"的主题,开展"八小的发展靠什么"的讨论活动,深入探讨学校的校训、校风、教风、学风,提炼出"勤、和、思、端"的"八小精神"。勤者,天道酬勤也。和者,和而不同,以和为贵,和谐、和睦也。思者,"学而不思则罔,思而不学则殆",多思也。端者,"恻隐之心,仁之端也;羞恶之心,义之端也;辞让之心,礼之端也;是非之心,智之端也。"谢文东以"勤、和、思、端"作为学校的文化核心,并加以充实和丰富,形成了"爱我八小,为校争光"的校训;"尊师爱校,勤学守纪,团结向上,立志创新"的校风;"乐教、爱生、严谨、创新"的教风;"勤奋好学,灵活创新"的学风。谢文东认为,学校的精神文化不应仅表现在文字的概括和提升上,更重要的是要将其内化为师生的行为准则。为此,他创办了《八匙之光》校报,宣传"勤、和、思、端",希望把这种精神文化贯穿于学校的方方面面。此外,他还在学校门口设立了电子显示屏,及时报道和宣传学校的办学成果以及师生的活动剪影等。

2. 打造学校环境文化,彰显教书育人的氛围

在谢文东担任校长之前,由于种种原因,"八小"校园环境中的文化味不浓,教书育人氛围彰显不出来。谢文东就任校长后强调,校园环境应该发挥隐性教化功能。经过调查研究,谢文东把校园环境文化定位在儒雅文化的基调上,坚持走"逐步推进,大小结合,资源挖掘,人人参与"之

路。在谢文东的率领下，全校师生经过一年多的努力，使儒雅校园环境文化初步显现。

儒雅校园环境文化包括大环境和小环境两部分。大环境（如操场、广场等）由学校统筹打造，小环境（如教室、走廊等）则由班级师生共同打造。大环境先后打造出"六个一"工程，分别是一个八匙广场、一道孝道壁、一个三立园、一条六艺廊、一道文化墙、一个翰墨苑。其中，八匙广场和孝道壁别具特色。八匙广场是把原来的升旗台改造成一把古代的钥匙模样，意为师生要掌握学习的钥匙、知识的钥匙、合作的钥匙、智慧的钥匙、关爱的钥匙、心灵的钥匙、成长的钥匙、成功的钥匙。孝道壁则是把厕所前面的一堵墙改造成有传统味的牌坊，正面配上流水，突出"百善孝为先，孝道通天下"的孝的主题，向师生提出"孝是幸福，孝是分享，孝是宽容，孝是耐心，孝是珍惜，孝是尊重，孝是思源，孝是感恩"的要求。厕所原来面对学校大门，很不雅观，经过改造，立刻"化腐朽为神奇"，古典风韵扑面而来。大环境变得优美、舒适，充满了书香味，各处无不彰显儒雅之气。同时，小环境也是玲珑别致，文化味深厚。每班教室门口设有"班级名片"，教室内外充满花香，走廊阳台诗情画意，集人文性、科学性、趣味性为一体，让师生沉浸在浓厚的教书育人氛围中，使学生快乐健康地成长。

3. 打造学校活动文化，彰显多元发展的氛围

活动育人是谢文东建设文化校园的主渠道，即通过一系列推陈出新的活动，促进师生多元化发展。学校主要进行了三大项活动文化的建设。一是常规活动。如学校的特色德育活动"七彩雷锋日"丰富了学雷锋的内涵，要求学生天天学雷锋，日日做好事，从周一至周日每天一个学雷锋主题，将学雷锋常态化，收到了显著的成效。二是应节活动。每到传统节日，学校都策划开展相对应的师生教育活动，让师生在丰富文化生活的同时，开展富有新意的传统文化的教育和学习。如在端午节，举行端午文化周活动，使学生对端午文化有更多的了解；在重阳节，师生齐动手，为老人制作贺卡等。丰富多彩的活动既增强了传统节日的氛围，又弘扬了传统文化。三是特色活动。谢文东结合学校师生的特点，开发出三大特色活

动,分别为毕业典礼、入学典礼、进步之旅,这些活动成为师生喜欢和盼望的活动,学生的参与热情高,活动效果好。

4. 打造家校文化,彰显同步育人的氛围

谢文东从学校的实情出发,成立了三级家长委员会,包括校级家长委员会、年级家长委员会和班级家长委员会。家长委员会设立专职负责人,以加强与家长的交流。学校建立了家校在线校讯通平台,每周两次与家长沟通,分享教育心得和教育经验,架起了学校与家庭之间同步育人的桥梁。除了日常的平台交流外,谢文东与家长委员会还定期开办家校论坛等活动,实现了校长、教师和家长零距离交流,达成了同步育人的新默契。各班家长委员会为班容班貌建设出谋划策,家长积极参与,与教师、学生共建班级"绿色物语廊",有效改善了班级环境。学校与家庭同步育人的氛围日益浓厚,形成了良好的育人风气。不少学生家长称谢文东为"家校工程师",肯定了他对打造学校与家庭之间桥梁的巨大贡献。在谢文东的努力下,学校还被评为"全国优秀家校实验基地"。

5. 打造学校管理文化,彰显和谐人文的氛围

在学校管理文化建设方面,谢文东坚持以先进的管理思想为先导,以科学的管理制度为保障,以灵活的管理方法为手段,以人文的管理过程为关键,使学校确立了以人为本、以生为本的管理思想。经过讨论研究,谢文东取消了教师考勤点名制度,取而代之的是晨运练太极活动,深受教师欢迎。同时,他一改学校无校本研修的状况,建立了教研活动制度,促进教师的专业发展。教研活动取得了显著效果,数学、英语教研组被评为"湛江市示范教研组",多名教师获得省、市、区教学比赛一等奖。在管理文化不断提升的过程中,谢文东围绕幸福教师团队建设,逐步树立层次意识、平台意识、氛围意识,有意识、有计划、有步骤地强化教师的专业素养,发扬老年教师的守业精神,发挥中年教师的攻关积极性,调动青年教师的苦干劲头。他多次组织老年教师教学经验交流会,中年教师教改研讨会,青年教师教学比赛、"拜师会""谢师课"等活动。同时,他还坚持深入课堂,成为教学活动积极的参与者和促进者。

6. 打造学校课程文化，彰显开放发展的氛围

如何建设课程文化？谢文东认为，"国家、地方、学校三级课程结合"是原则，"立足本校实际，促进个性发展"是方向。他打破课内与课外、课本与生活的壁垒，加快课程文化建设，促进学生个性发展。谢文东先后主编了《国之学》《外之语》《数之乐》《32个好习惯》等一系列校本教材，并出版了《礼仪之行》等图书。他坚持早上带领师生诵读《国之学》，令师生沐浴在优秀传统文化的阳光中；下午诵读《外之语》，让学生接受英语口语训练；课余借助《数之乐》开展趣味数学思维活动；平常结合《32个好习惯》培养学生8个成长好习惯、8个礼貌好习惯、8个阅读好习惯和8个学习好习惯。学校的课程文化建设已初现规模。

谢文东很重视文化环境的教育作用。在做班主任的时候，谢文东就注意营造浓厚的传统文化氛围：在教室门口挂着一副迷你对联，班级墙壁上贴有孔子、老子等文化名人画像，还设有班级专有书柜。当上校长以后，谢文东更加注重校园文化建设。他认为，卓越教师不仅要具有高超的教学能力，更要能够从学生实际出发，从细微处入手，为学生打造一个文化氛围浓郁的学习环境，让学生在潜移默化中受到文化熏陶，从而健康地成长。为学生打造文化环境，促进学生健康成长，这是卓越教师与普通教师的区别之一。

（二）以活动为载体，营造育人氛围

谢文东认为，学校德育是一种双向活动，即通过德育者对受教育者施以影响，受教育者内化德育者的影响为自身品德成分。学校德育应该做到潜移默化，润物细无声。为此，谢文东结合"八小"的实际，摸索出一套具有特色的德育方法。

1. 以"双节"（古诗节、英语节）活动为载体，营造书香氛围

谢文东提出，学校德育应以书香氛围育人，让学生伴书香成长、受书香陶冶。他将每年的五月、十二月分别定为学校的古诗节、英语节。

古诗节以诵读经典古诗文为内容，让经典古诗文这一民族文化血液流淌在学生心中。他提出"三结合"的诵读方法：一是日常诵读与集中展示

相结合。平时，学校将优秀古诗词和经典诗文篇目推荐给学生，让师生齐声诵读经典诗文，通过播放古典音乐伴读，让师生在优美的音乐里，与经典对话，陶冶身心；在古诗节期间，组织学生进行集中展示。二是诗文诵读与习作训练相结合。学校定期举行优秀作品展，包括评选"读经典有感"征文比赛和诗文配画、诗文书法评展等；定期举行古诗文朗诵比赛，搭建诵读经典的平台。三是课堂教学与教学研究相结合。学校教导处成立了古诗文教学研究小组，把教师组织起来，不断优化古诗课堂教学，围绕"读诗励志，赏诗悟性，品诗做人"的课题展开研究。在谢文东的建议下，学校的古诗文教学研究小组开展了探讨古诗教学规律的研究，并且取得显著成果。

英语节是学校传统的特色节日，每年举行一届，每届一个主题。让师生在欢乐中学英语，营造学英语、用英语的书香氛围。通过开展"英语节吉祥物征集""英语游园""圣诞卡设计""英语书法"等活动，激发学生学习英语的自觉性和积极性。

2. 以"双周"（爱心周、竞选周）活动为载体，营造关爱氛围

关爱情怀是小学生良好性格和健康人格形成的重要因素。谢文东以爱心周和竞选周为契机，营造关爱他人的氛围，开展培养小学生关爱情怀的活动。

在谢文东的倡议下，学校成立了爱心助学会，全体师生都入会，参与爱心助学活动，每学期选定一周为爱心周。在爱心周期间，师生为贫困生献爱心，为社会弱者献爱心。2007年8月，雷州市遭遇了百年一遇的强台风，损失惨重。学校及时掀起"情系小伙伴，贡献爱心"活动热潮，师生齐献爱心，共捐一万多元和几千件衣物，获得社会各界人士的赞赏。

为培养小学生"人人为我，我为人人"的公民意识，少先队大队委员会每年都举办换届选举活动，这一周就是学校的竞选周。通过竞选周来营造"为大家，我能行"的贡献氛围，有效地推动博爱情怀的培养。

3. 以"双营"（交流营、体育营）为载体，营造人文氛围

为了克服教育中见"物"（分数）不见"人"（学生）的思想禁锢，营造人文校园氛围，让每位学生都能享受人文关怀，在人文关怀中健康成

长,学校每年都举行一届"教与学"的交流营活动。交流营活动的目的包括两个方面:一方面,在学生中倡导"知学不如好学,好学不如乐学"的乐学理念,通过组织丰富多彩的乐学交流活动,让学生在玩中学、学中玩,培养乐学的精神;另一方面,在教师中倡导"知教不如好教,好教不如乐教"的乐教理念,为教师搭建起互相学习、互相交流、互相提高的平台,让教师提高教育基本功,从而奏响和谐园丁曲。通过"教与学"的交流营活动,学校成功营造出教师乐教、学生乐学的氛围。此外,谢文东还大力倡导教师开展才艺展演、课改论坛、师德论坛、敬业爱岗演讲比赛等活动,大力支持教师展现才华、畅谈教育美景。

在谢文东的支持下,学校每年举办一届体育营活动,通过体育营开展各种体育活动,提高了师生参与健身运动的积极性,增强了师生体质。

(三)利用活动教学

活动是生命的本源意义之一。人的发展,不论是生理系统的发展还是心理系统与社会系统的发展,都要以活动为源泉和动力。生命在于运动,这里的运动不应该仅仅被理解为体育运动,而应该同时被理解为生命的活动。人的成长离不开一定的活动环境,而学生的成长离不开构成人际交往初始网的班集体活动。[①] 说教式的教学方式,只会让学生感到枯燥乏味,无心向学。活动式的教学方式,不仅能让学生通过实践获取知识,更能使学生收获快乐的心境。如何让学生通过有趣且有益的途径学习知识,是每个卓越教师都应思考的问题。谢文东也不例外。在文保小学任教时,谢文东就经常带着学生走出课堂,到大自然中观察、游戏、学习。在春暖花开的日子,他和学生漫步在田间小道上,采几朵鲜花,编一顶柳帽……在艳阳高照的日子,他和学生在池塘中抓鱼、烧烤……在秋高气爽的日子,他和学生走进水田,收割水稻……在寒风乍起的日子,他和学生在公路上跑步……课堂上枯燥无味的词语、诗句化作大自然中可视、可感、可触的实物。这种创新的教学方式

---

① 徐亚春. 如何打造精品班队活动 [EB/OL]. http: //www. yxedu. net/show. aspx? id = 40695&cid=131.

很受学生欢迎，使学生深深地喜欢上了语文课。

谢文东认为，一名卓越教师必须具有创新意识，不能因循守旧，要经常思考如何创新教学方式，从而让学生爱上学习。事实上，每一名卓越教师都不是因循守旧的人，他们敢于探索新的教学方式，也乐于尝试新的教学方式。要成为卓越教师，必须要有敢于探索、敢于创新的勇气。

第三节 初探教学方式

一、锐意进取得认可

对谢文东来说，追求卓越是一个过程，其间必须坚持革故鼎新、锐意进取。在教师专业成长过程中，如果不革故鼎新，就会落后；如果不锐意进取，就会被时代抛弃。只有不断创新，追求进步，才能实现精进有为，到达卓越。"你是一位有锐意进取精神的青年教师！"这是谢文东刚到文保小学任教不久后校长对他做出的评价。对于刚刚踏入教坛的谢文东而言，这样的褒奖是最大的鼓励。

（一）学生的认可

"亲其师，信其道"，教师只有得到学生的认可、爱戴，学生才会愿意接受教师的谆谆教诲，教育才会收到良好的效果。学生是教师工作的对象，对教师来说，学生的认可不仅是一种激励，更是一种幸福。

笔：您觉得在改变传统教学方式、创新教学方法的过程中，什么因素是最重要的呢？

谢：当我走上工作岗位以后，就一直记着一句话："一个优秀、卓越的教师，一刻也不能够忘记自己曾经是个学生。"以前我当学生的时候很不喜欢"满堂灌"的上课方式，所以，在我成为教师以后，就一直在想怎么改变这种教学方式。有一次，我在语文课上采用了一种新的教学方式，学生的反响很热烈，他们很喜欢。下课的时候，一个学生走过来跟我讲：

"老师,我们很喜欢你这样上课,整节课我们都上得很轻松,但是又学到了很多东西。"这算是得到了学生的认可。得到了学生的认可与喜爱让我更有动力去研究课堂教学方式的创新。因此,学生的认可是我决定创新课堂教学方式的重要因素。

刚当教师不久的谢文东,初生牛犊不怕虎,对教学有着满腔的热情与好奇,他希望通过创新教学方式,让学生在快乐中收获知识。谢文东一直记得自己第一次尝试新教学方式时学生的反应。在教学三年级的《我爱故乡的杨梅》一课时,与以往的"满堂灌"不同,谢文东打算尝试让学生走进生活,享受快乐,在生活和快乐中学习。上课铃响了,谢文东怀着忐忑的心情走进了教室。"同学们好!现在开始上课。"当学生以为接下来又要开始一成不变的朗读和抄写时,却听谢文东说:"同学们,你们吃过杨梅吗?老师今天带来了一些杨梅,你们想尝尝吗?"学生被谢文东手中的杨梅深深地吸引了,争先恐后地举起手来。在成功地引起了学生的上课兴趣后,谢文东提出问题,要求学生阅读课文,然后互相讨论,明确答案。最后,教学在谢文东与学生共同品尝杨梅中结束。在整节课中,学生全身心地投入学习、探疑与解疑中,兴致勃勃,教学收到意想不到的效果。

尽管这节课还存在着不足,却是谢文东教学改革的初试,坚定了他进行教学改革的决心。卓越教师总有与众不同的教学方式,而要形成自己的风格,必定要经过多次的探索与实践。很多教师都有创新教学方式的意愿,但又害怕遭遇失败而不敢迈出第一步。谢文东成功地迈出了教学改革的第一步,最后走出了属于自己的路。如今,谢文东总是鼓励青年教师大胆探索,勇于实践,尽快走向成熟。"失败总是会有的,但是成功也是会有的。"谢文东说。

(二)领导的支持和同事的帮助

与同事建立良好的关系,不仅能开拓工作思路,而且能获得更多支持和帮助,让成功变得更容易一些。事实证明,每个卓越教师的背后必定会有领导的支持与同事的帮助。

笔:是什么事促使您将自己关于创新教学方式的想法与理论运用到实

际当中呢？

谢：那时候，我在文保小学任教不久，还是个新老师。但是，那所学校的校长还是很看重我的，可能是因为我比较踏实肯干，又热衷于探索新事物吧。尽管当教师不久，但我关于创新课堂教学方式的想法却不少，可惜那时候的我始终不敢轻易去尝试。后来校长接到市里要举办公开赛课的通知，他选中了我，让我参加。虽然我非常犹豫与担心，但也只能硬着头皮上了。我就是这样走上了实践自己想法与理论的道路。在实践的过程中，我遇到了很多困难，需要别人的帮助。幸运的是，我得到了身边的老教师、同事的帮助，还有领导的支持。

谢文东是在校长的"强求"下参加赤坎区公开赛课的。正是校长的"强求"，让他有机会在行家面前亮相，这是他教育生涯中一件非常关键的事情。对于校长的"强求"，谢文东十分感激。"有时候你就是需要别人用外力推你一下，你才能往前走。"谢文东说。由此我们得到的启示是，在卓越教师的成长过程中，教师应该珍惜外界给予的挑战和任务。这些挑战和任务看似是困难和障碍，实则是推动教师走向卓越的外力。

此外，懂得向身边的同事请求帮助也是卓越教师必备的素质。谢文东当时是学校里的新教师，不懂的事情很多，经常向其他教师请教。由于他平常注重和其他教师搞好关系，在其他教师有需要的时候总是伸出自己的援助之手，因此，在他有需要的时候，其他教师也总是尽力帮助他。谢文东认为，每个教师的发展都与同事的支持和帮助分不开，教师应该具备与各类人打交道的能力。与同事建立良好的人际关系，才能够从中学习他人的优点和长处，取得同事的支持和帮助，不断发展自己，完善自己，成就卓越。

二、创新语文教学法

教学方法伴随着学校的产生而产生，伴随着社会的发展而发展。不同的教学方法，将产生不同的教学效果。新课程改革要求打造高效课堂，这意味着教师应当改变自己的教学方法，创新自己的教学模式。传统的教学

不重视教师与学生之间的互动,教师的讲授不易打动学生,导致教学的实效性差。因此,谢文东开始在自己的课堂上做"实验",改革传统教学方法,探索属于自己的高效课堂。

(一)"实验班"的成立

第一次参加公开赛课,谢文东就取得了不菲的成绩,不仅获得了文保小学校长的赞赏,更收到了其他小学校长抛来的"橄榄枝"。1991年,谢文东离开了任教四年的文保小学,调入了晨光小学。经过之前四年的教学探索与实践,谢文东发现传统教学存在着不少弊端,更加坚定了探索语文教学新路的决心。

笔:1991年,您被调入晨光小学,在晨光小学任教不久以后就成立了自己的"实验班"。为什么会成立一个"实验班"呢?

谢:"实验班"是我探索语文课堂教学新方式的一个重要实践载体。当初它的成立是我很不容易才争取来的。通过这个"实验班",我把自己关于改革语文课堂教学方式的一些想法、理论运用到实践当中去,通过实践、反思、再实践的方式不断完善自己的语文课堂教学方式。

谢文东的"实验班"并不是由全年级成绩最好的学生组成的,而是一个普普通通的班级,但又由于谢文东的语文课堂新实践而有所不同。"实验班"是谢文东进行快乐教学的一块"试验田",而这块"试验田"来之不易。当初谢文东怀着期待的心情走进校长的办公室,诉说了想要成立一个"实验班"的想法。校长虽然对谢文东的教改勇气与进取精神表示欣赏,但是考虑到谢文东刚工作不久,担心改革不成会影响学生的发展,最后拒绝了他。这一次的请缨失败并没有动摇谢文东进行教改的决心,他决定先悄悄地在自己的班级里进行实验,用成绩来消除校长的顾虑。

就这样,"实验班"在没有经过校长同意的情况下成立了。要在班级中进行教学实验而不让校长察觉,并不是一件容易的事情。在实验过程中,谢文东有过挫折,有过担心,有过困惑,但最后还是取得了成功。谢文东事后总结了自己的经验:一是更新语文教学理念,二是丰富语文教学方式,三是构建语文大课堂。

1. 更新语文教学理念

谢文东意识到"填鸭式"教学强调死记硬背,以教师为主,学生被动,不仅教师教得辛苦,学生学得也痛苦,简直就是高耗低效的典型。那么,如何进行有效的教学呢?谢文东认为更新教学理念很重要。他重新定位了教师与学生的角色,即教师是教学活动的策划者和组织者,学生是学习活动的参与者和主人公。

2. 丰富语文教学方式

经过多年的教学实践和深入分析,谢文东发现把游戏与教学结合起来,往往会取得令人惊喜的效果。在教学中,一方面,谢文东扎实做好听说读写的教学,让学生掌握好基本知识和技能;另一方面,他将一些小游戏"借过来",让学生唱一唱、跳一跳、演一演、比一比、画一画、尝一尝、嗅一嗅、摸一摸、做一做,在快乐活动中学习语文。丰富的教学方式让学生获得了前所未有的解放,使学生的学习积极性大大提高。

3. 构建语文大课堂

陶行知先生说过:"以宇宙为学校,奉自然为宗师。"除了常规教学,谢文东还经常在周末带领学生走出语文小课堂,走进大自然这个语文大课堂。生动形象的综合性学习远比枯燥无味的说教好得多,充满奥妙的大自然激活了学生的思维,触动了学生的心灵。学生展开了思维的翅膀,打开了语言的天窗,妙语美文常常遍布山野。

(二)"实验班"的成效

光阴似箭,一个学期很快就结束了,"实验班"的语文成绩终于"惊艳亮相":学期初,谢文东所执教班级的语文成绩在全年级倒数第一,但是在学期末却一下子跃居第一名。这让所有教师都十分诧异:这个上课总跟学生玩游戏,很少布置作业的"菜鸟教师",所教班级的语文成绩竟然排名全年级第一。

笔:您进行了如此大胆的实践,最后得到的结果怎么样呢?

谢:经过一个学期的课堂教学方式改革,通过不断的实践、反思、再实践,最后总算获得了小成果。在期末考试中,我所教班级的语文成绩从

原来的倒数第一变成了正数第一。这是学生的收获，也是我的收获。我开始更加认真地进行研究与实践，进一步探索属于自己的教学理论和教学方式。

其实，在期末成绩出来之前，谢文东很紧张。他的语文教改已经进行了一个学期，效果如何，他心里没有底。教改一开始并不顺利，尽管学生上课热情高涨，但是每次测验学生的成绩并没有提高，相反有时还会下降。这让谢文东产生了很大的疑问：为什么学生的学习热情提高了，但是成绩没有提高？必须找出原因。他查阅资料，请教名师，改进方式，学生的成绩终于逐渐提高。当校长祝贺谢文东执教班级的语文成绩获得全年级第一名时，他悬着的心终于放下来了。这次小小的成功告诉他，改革是有效教学的不二法门。这次实验性的教学改革让谢文东有两点很深的体会：一是改革要有决心，二是改革要有想法。

1. 改革要有决心

有志者，事竟成。课堂教学改革是一条布满荆棘的道路，一路上困难重重，需要教师有"壮士断腕"的决心才能冲破障碍，最终获得成功。当初，谢文东在成立"实验班"进行教改时，遇到的困难不少。但是，他并没因为困难而放弃，而是更加坚定了教改的决心。谢文东说："每位教师在教改的过程中都会遇到形形色色的阻碍，但这也正是考验教师毅力的时候。"纵观每位卓越教师的成长经历，我们不难发现，他们在进行教改、自成特色的过程中，都曾穿越层层障碍，突破重重艰辛，其中都离不开坚定的决心。

2. 改革要有想法

教改不能盲目跟风，随意进行，必须有想法才会获得成功。不少教师都尝试过进行教改，最后却以失败告终，其中一个很重要的原因就是没有自己的想法。谢文东认为，许多教师虽然对教改有很高的热情，却没有自己的思考，喜欢生搬硬套，自然难以取得成功。一次成功的教改，除了切合时代要求，还要具有特色。当初谢文东任教的文保小学，处于郊区，接近大自然，这给他带领学生走进大自然进行学习提供了天然条件。但是，如果将这种教学方式运用于市区小学，就不大可行。教师可以借鉴他人的教改经验，但是万万不可直接套用。在进行教改的过程中，教师必须有自己的思考和想法，才能摸索出属于自己的教学方式。

（三）"实验班"的反思

有人说，写一辈子教案不会成为优秀教师，但是写三年教学反思将会成为优秀教师。这反映出教学反思在教师专业成长中的重要作用。在进行教学实验之前，尽管谢文东已经做好了充分的准备，但还是遇到了不少问题。他的解决方法就是进行教学反思。厚厚的一本教学反思记录了他每节课的得失以及改进计划。从反思教学设计，到反思评价学生，到反思作业布置，无不饱含着谢文东的思考和智慧。他把这些教学反思整理成系列论文，并发表在专业报刊上。就这样，谢文东在教改中不断探索，在探索中不断学习，在学习中不断实践，在实践中不断反思，在反思中不断成长。

谢文东认为，卓越教师必须具有探索精神，应该致力于成为一位研究型教师。教师成为研究者，既是教育发展的客观要求，也是教师专业成长的必经途径。谢文东总结了研究型教师成长的几点做法。

1. 在教学中开展探索研究

谢文东在教改中取得的成功不是一蹴而就的，而是经过不断实践、不断反思、不断探索获得的。谢文东的经验是，教师应该在教学过程中发现问题，在解决问题的过程中提升能力。课堂是教学研究的沃土，教师应深深扎根于这块沃土之中。

2. 在思想上坚持自我进修

在信息爆炸的时代，知识的更新周期不断缩短，新知识层出不穷，这就要求每个人必须坚持自我进修，进行终身学习。教师只有不断更新教育理念和知识结构，用先进的教育思想武装头脑，掌握广泛的科学文化知识，才能形成扎实的理论基础来支撑所进行的探索与研究。

3. 在课堂实践中总结反思

"反思"一词在词典中的解释是思考过去的事情，从中总结经验教训。对于教师来说，其专业发展过程就是一种自我反思的过程。美国教育心理学家波斯纳指出，没有反思的经验是狭隘的经验，至多只能成为肤浅的知

识。如果一名教师只是满足于自己所积累的经验,而不对经验进行反思、提炼和升华,那么,即使他有多年的教学经验,也只是一年工作的多次重复,他的教学水平将永远停留在一个新手型教师的水平上,无法成为研究型教师。若要成为一名研究型教师,就必须在实践中进行反思,不断完善自我、超越自我。

作为一种职业,教师需要专业知识作为基础。教师的专业知识一般分为两类:理论性知识和实践性知识。其中,实践性知识是教师专业发展的主要知识,在教师专业发展过程中起着不可替代的作用。谢文东虽然起步于中师,但经过丰富的教学实践和反思,形成了一套独特的教学理念,终于从一名教师上升为一名教育者。

第四节　自成教学方式

一、传统教学的困局

当今社会迅猛发展,科学技术日新月异,这对人才培养提出越来越高的要求。在应对新时代的挑战过程中,传统教学模式显得越来越被动,对教师、学生都产生了不良的影响。

（一）对教师的影响

传统教学模式主要指以教师为主体、学生为客体的教学模式。在课堂上,教师是主宰者,机械性地将书本知识灌输给学生,而学生则生搬硬套地被动接受。这样死水般毫无生气的教学,使教师失去教学激情,教师的专业发展受到阻滞、止步不前。

笔:经过多年的教学实践,您对传统教学模式有何看法呢?

谢:传统教学模式无疑是有它的优点的,但是在多年的教学实践中,我发现它的弊远远大于利。很多教育领域的专家学者都看到了传统教学模式对学生造成的不良影响,但是,我认为它同时也对教师造成了不良影响。传统的教学模式让教师以书本为中心，几十年都是一本教材、一支粉笔和一块黑板贯穿整个教学活动，这样的教学模式容易让教师产生倦怠，失去激情。

在传统教学中，教师常常以教材为中心，按照"复习旧知—导入新知—呈现新知—操练新知—布置作业"的套路进行教学。教师习惯了固有模式，懒于改变现状，缺少创新教学的勇气。这导致教师故步自封，难以创新，专业发展更无从说起。谢文东认为，传统教学模式具有很大的弊端，具体说来，对教师的不良影响有以下几点。

1. 错误的教学观念

传统教学模式过分地依赖教师的教，而忽视学生在学习中的主体地位，严重压抑了学生的学习积极性和智力发展，阻碍了素质教育的推进和创新人才的培养。陶行知说，先生的责任不在教，而在教学，在教学生学。可是在传统教学模式下，教师往往产生错误的教学观念，即如何将现成的知识教给学生，而不是教会学生如何学习知识。

2. 教学负担重

传统教学模式不仅苦了学生，也累坏了教师。教师在讲台上讲得口干舌燥，站得腰酸背痛，但换来的是学生成绩低下。传统教学模式不仅使学生失去了学习兴趣，成了考试机器，同时也加重了教师的教学负担。教师讲学生听，教师问学生答，教师布置作业，学生机械训练，教师用功了，但负担更重了。

3. 缺乏创新意识

对教师而言，课堂教学是一个不断通过创新而实现自我生命价值的过程，创新意识和创新能力是教师形成独特教学风格的关键因素。在传统教学模式的影响下，教师被固定的条框所束缚，怠于思考，无法创新，难以突破传统教学的困局。

（二）对学生的影响

传统教学模式过于重视知识的传授，忽视对学生能力的培养。这种只注重储存知识而轻视培养能力的教学模式，显然不能适应现代社会发展的

需要。传统教学模式下的课堂往往过于僵化,教师实行"一言堂",学生的学习地位得不到充分的体现和尊重。

笔:您认为传统教学模式对学生造成了哪些不良影响呢?

谢:传统教学模式对学生造成的不良影响是显而易见的。首先,"填鸭式"的知识灌输方式导致学生过于注重理论知识的掌握,而忽视实践能力的锻炼。其次,传统教学模式以教师为中心,学生被动地接受教师传授的知识,缺少自己的思考和探索,束缚了思维的发展。

在传统教学模式下,学生被动地接受知识,逐渐形成了一种思维惰性:不想思考为什么,不爱问为什么,也不知道问为什么。学生的学习自主性与主动性日渐丧失,甚至是被迫学习,无法体会到学习的快乐。他们只管一味死记硬背,以应付考试,渐渐沦为"考试机器"。谢文东认为,在传统教学模式下,学生的学习方式存在被动接受、学习封闭和学习单调的缺点。

1. 被动接受

传统教学模式以知识灌输为主。教师在课堂教学中处于绝对权威的地位,这就形成了教师教什么学生就学什么,教师让做什么学生就做什么的局面。学生没有主动性可言,一切以教师为准。他们不能自主选择学习内容、学习时间,只能像机器般地完成教师交给的学习任务。

2. 学习封闭

传统教学模式中,师生交往是主要的甚至是唯一的交往类型,学生之间的交往常常被忽视,学生只懂得通过教师讲授这一条途径获取知识,而很少懂得通过与同学合作去解决问题,这导致学生在学习中成为一个个孤立的个体,缺乏合作学习的意识。

3. 学习单调

传统教学模式强调知识的积累,而不强调学习方法的掌握;重视知识记忆,而不重视知识应用;讲究理论接受,而不讲究社会实践。合作、探究等学习方式对学生来说只是一个个陌生的名词。这种单调的学习方式,容易导致学生思维僵化,缺乏严密的归纳分析、逻辑推理能力。

传统教学模式对教师和学生产生的不良影响,让谢文东感到担忧与焦虑。如何消除不良影响？如何创新教学模式？如何带领教师一同进行教学改革？这些问题久久萦绕在他的脑海里。

二、创新教学的试行

谢文东已经从一名教师成长为一名校长，尽管身份变了，但是他并没有停止对教改的思考。相反，他更希望利用校长这一"领头羊"的优势带领大家一起探索、创新教学模式。

（一）打造儒雅课堂

经过数年的教学实践和研究，谢文东提出了"打造儒雅课堂"的理念。全校围绕"打造儒雅教师，培养儒雅学子"的目标，开展儒雅课堂的建设。

笔：经过多年的教学实践，您在课堂教学方式方面形成了自己独特的理论——打造儒雅课堂，能跟我们分享一下吗？

谢：儒雅课堂的打造是根据儒雅教育的思想而来的。儒雅教育是一种多元整合的融通教育，它不是只停留在传统的文化教育上，而是一种集传统、现代于一体，中西结合的教育。我希望通过打造儒雅课堂，实现"打造儒雅教师，培养儒雅学子"的目标。我对儒雅课堂的教学模式并没有做强制要求，教师可以灵活采用各种教学方式，也可以自主创新教学方式。但是我要求教师的教学方式必须突出儒雅课堂教学方式的特点，即新、实、活、和。

谢文东希望教师通过参与儒雅课堂的建设，改进教学行为，提升教育能力，提高教学效率；学生通过参与儒雅课堂的活动，形成学而不厌、雅而善思的学习风貌，提高学习效率。儒雅课堂并没有固定的教学模式，教师可以根据教学实际，灵活地运用各种教学方式，力求使课堂教学"新、实、活、和"。

1. 新——儒雅课堂是创新的课堂

创新是一个民族进步的灵魂，是国家兴旺发达的不竭动力。以培养创

新精神和实践能力为重点的素质教育，是当今教育改革的主旋律。谢文东认为，儒雅课堂必须是创新的课堂。首先，教师要创新个人的教学方式，营造创新氛围，激发学生学习的主动性和积极性，培养学生的创新思维、创新意识和创新能力。其次，教师要不断充实自己的知识，发展自己的能力，以提高教学水平。教师只有跟随时代一同发展，不断获取新知识，才能创新课堂，激发学生的学习兴趣。再次，教师要营造和谐、民主、平等的课堂氛围，激发学生的创新意识。最后，教师还要善于设疑，给学生制造"惊奇"，培养学生的发散思维。

2. 实——儒雅课堂是实在的课堂

"实在"是不虚假、真实的意思。实在的课堂是实事求是的课堂，是真实的课堂。课堂是学生学习的主要阵地，应该让学生实实在在地学到知识。在新课程改革的背景下，经常可以看到一些教师熟练地操作着课件，神采飞扬地讲述，而学生则热闹地进行小组活动，声情并茂地表演……课堂看似华丽，却缺乏内涵，学生学不到实在的知识，学习效果不佳。谢文东认为，教师应基于教学目标开展教学，不能追求表面的华丽。实在的课堂应达到如下要求：首先，明确多媒体课件的功能是辅助教学，不能一味注重课件的精美而忽视教学内容；其次，不能为了做游戏而做游戏，要清楚游戏只是教学手段而不是目的；最后，也是最重要的一点，要让学生扎扎实实地学到知识。

3. 活——儒雅课堂是灵活的课堂

美国国家教育实验中心曾做过一次调查，结果表明，从学生学习24小时后的检测结果来看，只通过讲授法获取知识的巩固率大约是5%，通过阅读获取知识的巩固率大约是20%，利用多种视听手段（如多媒体）获取知识的巩固率大约是30%，而通过交流讨论获取知识的巩固率可以达到50%以上。灵活的课堂是教师教学的基本追求。教师应该根据教学内容选择最佳的教学方式，让课堂变得更加灵活。教师可以通过多种教学方式的运用（如情境教学、实践教学、故事教学等）实现灵活的课堂。需要说明的是，由于课堂是"活"的，教师即使在课前做好充分的准备，也难以预设所有的教学意外，这就要求教师善于随机应变，灵活处理问题。

4. 和——儒雅课堂是和谐的课堂

和谐产生美，和谐是世间美好事物共同追求的理想境界。儒雅课堂是和谐的课堂。所谓和谐的课堂，是指在新课程与新理念指导下的一种新型课堂氛围，是教师通过亲和有礼的语言、亲切和蔼的表情、亲近高尚的人格魅力创设出来的一种充满人情感知、人文关怀的课堂环境。和谐的课堂能够营造和谐的师生关系。在和谐的课堂氛围中，学生更容易拉近与教师的心理距离，师生的交流与沟通在和谐的课堂中不受阻碍，变得轻松活泼。心理学研究表明，在和谐的课堂氛围中，学生的思维是活跃的，情绪是高涨的，更容易产生学习兴趣，提高学习效率。

（二）研发校本教材

校本教材研发是新课程改革的需要。陶行知说："社会即学校，生活即课堂"，就是要求教育工作者必须改变狭隘的学校观、课堂观，树立广阔的教材观、课程观。校本教材作为国家课程和地方课程的重要补充，在整个课程体系中发挥着不可替代的作用。校本教材不仅能彰显学校的办学特色、办学思路和办学风格，而且给师生共同参与、合作、学习提供了一条重要途径。

笔：我知道，您当校长以后，十分重视学校校本教材的研究与开发。这是为什么呢？

谢：随着新课程改革的逐渐深入，校本课程的开发已经成了教育发展的一种需求。研究、开发校本教材是校本课程开发的重点。研究、开发校本教材不仅有利于学生的发展，同时也能促进教师的发展。我们的校本教材是由教师与学生共同研究、开发的，这首先促进了师生的交往，加强了师生的合作，拉近了师生的距离；其次，学生通过自己编写校本教材，能够获得自我满足感和成就感，增强自信心；最后，参与校本教材的研究、开发，培养了教师校本课程的开发意识，展示了教师在教学实践中形成的宝贵经验和成果，提高了教师的专业素质，促进了教师的专业发展。

为了促进学生的个性发展和教师的专业发展，谢文东积极探索，大胆实践，决定研发校本教材，实施校本课程。这个决定在刚开始实施时并不

顺利。一方面，遭到了学生家长的质疑：将学生用在"正规学习"的时间和精力花在校本课程学习中，价值何在？让学生学习校本课程，能保障学生的考试成绩吗？另一方面，教师对校本课程与校本教材的研发热情并不高，很多教师认为这不仅增加了他们的工作量，还会减少升学考试的备考时间，教学质量得不到保障。对于家长的质疑，谢文东总是耐心地做出解释，消除家长的顾虑。对于教师的懈怠，谢文东欢迎和鼓励他们提出建议，以便把校本课程与校本教材的研发工作做得更好。

后来的校本课程实践证明，谢文东的决定是正确的。对学生而言，校本课程与校本教材的研发，不仅增强了学生的学习能力，而且提高了学生的合作能力、交往能力和动手能力。比如，在知识方面，学生的知识面得到拓展，视野变得开阔；在学习方面，学生的学习兴趣提高了，主动性增强了，从"要我学"变成"我要学"；在情感态度方面，学生的自主意识与合作意识增强了。对教师而言，校本课程与校本教材的研发，激发了教师的创新潜能，提升了教师的专业水平，为教师的自我发展、价值实现提供了途径。在新课程改革的背景下，教师应该成为专家型、学者型的教育工作者，教师的任务不再仅仅是教书育人，同时还要探索和总结教书育人的基本经验及内在规律。校本课程和校本教材的研发能够为教师提供一个提高专业水平、提升科研能力的平台。

在课程改革的道路上，谢文东一边摸索，一边实践。在遇到挫折和失败时，谢文东选择的不是退缩和放弃，而是总结教训，继续挑战，充分体现出一个卓越教师的特质。

首先，他以先进的教育理念作为教育工作追求的目标。谢文东关注学生的生命成长，力求让每一个学生都能享受学习和成长的快乐。无论是当初的"实验班"，还是如今的"儒雅课堂"，谢文东都是从学生生命成长的角度出发，不断思考，不断改革，为学生创造享受学习和快乐成长的环境。作为一名卓越教师，必须有先进的教育理念，这样才不会迷失自我，才会有前进的动力与方向。

其次，他具有积极反思、主动研究及创新的意识。反思是促进教师专业发展的核心因素。卓越教师善于质疑，敢于向传统发起挑战。谢文东不断进行教学反思，不断学习教学理论，不断开拓创新，追求教学的成就和教育的理想。他所提出的"打造儒雅课堂"理论，就是在改革传统教学模式、总结教学经验的基础上进行的理论创新。

最后，他具有先进的师生观念。在传统的师生观念中，教师处于绝对的权威地位，而学生则只能处于服从的地位，师生之间是一种不平等的主从关系；教师是知识的传授者，学生是知识的接受者，师生之间仅仅是一种教与学的关系，缺乏广泛的、全面的、深入的情感交流。教育植根于爱，谢文东摈弃传统的师生观念，树立爱生、师生平等的观念，要求教师走进学生的内心世界，与学生交朋友，建立一种民主平等、亦师亦友的师生关系。

水滴石穿非一日之功。具有卓越教师的特质并不意味着一定能成为卓越教师。成长为卓越教师，除了要具有相关特质，还需要付诸行动并长期坚持。谢文东的卓越，便贵在他的坚持与勤奋。

第二章 春华与秋实：锲而不舍的专业求索

经过多年对教育的全身心投入，谢文东终于在自己的教育生涯中开垦出一片美丽的田野。他将自己的本领广泛地传授给青年教师，以自身的卓越帮助其他教师获得成功。作为校长，他发挥领导者的作用，打造幸福的教师团队。面对传统文化教育缺失的危险，他探索着传播传统文化的途径，并将行动上升到理论的高度，让更多的人受益。

第一节 从教学，到教育

教学与教育，一字之别，相差千里，体现了一名教师人生的两种境界，也展现了一名教师从普通到卓越的成长历程。近三十年的教育历程，让谢文东从当初怀揣理想、意气风发的新手，成长为一名经验丰富、广收徒弟、深受学生喜爱的卓越教师和著名校长。

一、"徒弟"熬成"师傅"

谢文东从一名普通教师到卓越教师的历程告诉我们，若要成为卓越教师，就要辨清教学和教育的关系。教学是由教师的教和学生的学所组成的一种人类特有的人才培养活动，注重知识和技能的传授；教育则是对人的德、智、体、美等进行全面培养的活动。教学是教育活动的一个部分、一个环节，是知识、经验、方法、能力的传授过程；教育的本质意义，不仅是知识、技能的传授，而且包含对人的各个方面的培养。教师只有将自己的工作当作教育,而不仅是教学来做,才能从平凡的教师行列脱颖而出,成为卓越教师。

(一)广收"徒弟"

经过多年的不懈奋斗,谢文东已从当初笨手笨脚的"菜鸟教师"成长为知名的优秀教师。但"一枝独秀"从来都不是谢文东的追求,他追求的是"百花齐放"。谢文东认为,如果没有开明、民主的校长的提携和经验丰富的教师的帮助,自己就不可能取得今天的成绩。这种相互帮助、相互成长的传统,理应发扬光大。谢文东是这样想的,也是这样做的。谢文东名声在外,很多同行慕名前来向他请教,谢文东总是尽其所能,热情地给予帮助。尤其是面对渴望得到帮助的青年教师,谢文东即使再忙,也会抽出时间与他们交流。

有一次,一位青年教师写了一篇论文请谢文东指点,但谢文东那一段时间十分忙碌,就让青年教师把论文先放在他这里,有时间再谈。几天过去了,那位青年教师以为谢文东早已忘记了此事,然而,谢文东却拿着论文出现在他面前,上面写满了修改意见。那位青年教师根据谢文东的修改意见,将自己的论文进行修改并成功地发表了。

谢文东认为,要办好教育,重在教师,培养一支优秀的教师队伍是办好教育的关键。他把培养青年教师作为主要工作之一。

笔:请问,您是如何培养青年教师的呢?

谢:作为教育工作者,首先要明确的一点就是,我们做的是培养人的工作。要培养好人,最重要的就是要让我们的教师更加专业化地成长。青年教师是学校教育教学工作中的重要力量,他们有朝气、有闯劲,缺少的只是思想与经验。我校开展了校本培训工程:根据教师在教学中出现的问题,开展以问题为中心的学段培训;根据教学发展动态,开展以信息为中心的服务培训;根据教育科研专题,开展以课题为中心的研讨培训;根据教师教学基本功的实际情况,开展以基本功为中心的能力培训。通过校本培训,让包括青年教师在内的每位教师都有发展的机会。另外,我将课堂教学作为校本培训的主阵地,为每位青年教师建立以课堂为主导的培训档

案,围绕着课堂教学开展集体备课、教学观摩、说课、评课、教学反思与交流、教学案例分析等,让青年教师充实自己,提高教学能力。我要求每位青年教师在每节课后都要写教学反思。教学反思的写法灵活多样,其方式有如下几种:后续式,即把教学的得失用文字的形式记录下来,可长可短,篇幅不限;点批式,即以教案为基础,结合教学感受,将自己的看法与见解直接写在教案相应的位置上,为课后辅导、改进教学做好准备;卡片式,即制作像读书卡一样的卡片,记录教学中的体会,再分类保存,为教研做好资料积累工作。

青年教师在谢文东的指导下,参加省、市课堂教学竞赛,成绩显著:6位教师荣获省、市级课堂教学竞赛一等奖,1人被评为"南粤教坛新秀",2位教师的教学风格被省级杂志设专栏推广,多篇教学论文在各级杂志公开发表。

面对青年教师的成长,有些教师选择打压,有些教师选择帮助,谢文东属于后者。曾有人告诫他:"老谢,不能把自己的看家本领都传授给其他教师啊,因为等到他们超过你之后,你就会被看不起、被遗忘的。"谢文东对此一笑而过:"青年教师的成绩,固然有我的一些功劳,但主要是靠他们自身的努力。至于青年教师超过我,这是必然的。我宁愿做他们前进道路上的铺路石,而不会做他们前进道路上的拦路虎。"培养一大批品格优秀、能力过硬、情操高尚的教师,让他们在教育战线上取得显著的成绩,这是谢文东的愿望。

(二)成就他人

谢文东严于律己,却对其他教师爱护有加。面对教师身上的不足,他总是宽容对待,并及时给予帮助。他总是鼓励教师参加各种活动,并创造更多的机会,让他们去历练、去发展。谢文东常常退居幕后,尽力去帮助他们、成就他们。

笔:在您的主持下,学校开展了校本研修工程。这项工程不仅得到广东省的认可,学校被评为"广东省校本研修示范校",也成就了很多教师。您能跟我们说说,您为什么要创造机会成就学校的教师?还有,如何创造机会促使教师发展自己、成就自己呢？

谢：我记得孔子说过："己欲立而立人，己欲达而达人"，我们在成就他人的时候，其实也成就了自己。教育是需要成就他人的职业，追求教师个人的卓越并不是卓越教师的最高境界，帮助身边的教师一同成为卓越教师才是。成就他人、关爱他人，比成就自我更幸福、更充实。至于如何创造机会帮助教师成长，我认为，教师先要有扎实的基本功、高超的教学能力和先进的教育理念，这样才能更好地抓住机会成就自己。因此，首先，我校经常聘请湛江师范学院的教授及教育界著名的专家、学者给教师开课讲学、开交流会等，提升教师的专业能力。其次，我校开展了校本研修工程，实行团队学习。最后，我校积极鼓励教师走出校门，到各个学校上公开课或做报告。此外，我校还积极推动他们参加比赛，让他们通过各种比赛发展自己、成就自己。

学校的发展需要一批专业水平很高的骨干教师，需要优秀的、有自己教育特色的骨干教师作为支撑。作为一校之长的谢文东，经常思考如何为教师的成长创设条件，如何创造机会让教师快速成长。经过思考与实践，谢文东总结出一套促进教师成长的方法。第一，坚持"引进来"。为提高教师的教育理论水平，他定期聘请专家、学者给教师做讲座。第二，坚持"走出去"。他积极鼓励教师走出校门，让教师到其他学校上公开课、做报告，或到高校上课。在谢文东的带领下，学校的许多优秀教师到湛江师范学院定期给大学生做讲座和上课。第三，参加比赛。除了积极推动教师参加学校以外的比赛外，谢文东还定期在学校里举办各种比赛，让教师通过比赛锻炼能力，建立信心。第四，开展校本研修。随着教育改革的深入发展，每位教师都应由经验型教师向学习型、专家型、创新型教师转变。校本研修给教师提供了一个很好的转型渠道。校本研修作为推动教师成长的基本方式，具有四大优势：一是教师的受益面广，二是内容的针对性强，三是教师是研究的主体，四是研究有实效。通过校本研修，教师能够体会到现代教育理念的价值与意义，主动抛弃陈旧的教学观，重新审视自己的教育经历和存在的教学问题，积极探索教学新方式。

正如谢文东所说，卓越教师的最高境界是帮助一大批教师成长为卓越

教师。多年的教育实践让谢文东逐渐摸索出一条教师成长之路,如今,他正带领一批志同道合的教师沿着这条道路前行,并不断拓展新的路径。

二、身为校长,不忘教学

著名教育家陶行知先后担任过几所学校的校长,但是他从没有离开过讲台。他说:"不做无学;不做无教;不能引导人做之教育,是假教育;不能引导人做之学校,是假学校;不能引导人做之书本,是假书本。"以此类推,不从事教学工作的校长不是真校长,至少不是好校长。一般来说,学校的校长都要经历"一般教师—优秀教师—部门主管—分管校长—校长"这几个阶段。可以说,每个校长都曾经是课堂教学的佼佼者,但有的教师担任校长后,就不再承担教学任务了。谢文东尽管担任校长多年,行政事务、社会事务繁多,但是无论如何,他都不愿意舍弃课堂,远离学生。

(一) 不能舍弃的课堂

著名教育家苏霍姆林斯基说:"课,就是教育思想的源泉;课,就是创造活动的源头;课,就是教育信念萌发的园地。"课堂是学生全面发展、教师专业成长、校长思考教育的主要场所。谢文东在担任校长将近二十年的时间里,从没有舍弃过课堂、离开过讲台。他常常告诫自己:"作为一校之长,责任重于泰山。自己首先是一名教师,然后才是校长,要固守教师的本职工作——教学。"

笔:许多教师在担任校长以后,常由于行政事务繁重而放弃了课堂教学。而您在近二十年的校长生涯当中,却从来没离开过讲台,从来没放弃过教学。这是出于什么原因呢?

谢:我总觉得自己首先是个教师,然后才是个校长。我记得苏霍姆林斯基有句话是这样说的:"如果你想成为一个好校长,那你首先就得努力成为一个好教师。"此外,校长只有真正走进课堂,才能了解学生,只有通过真正的课堂教学实践,才能准确了解教师在教学实践中的困惑、问题和需求，找出改善课堂教学的有效方法。同时，新课程改革也要求校长深入课堂，给教师树立榜样。榜样的力量是无穷的，"喊破嗓子，不如干出样子"。校长起带头作用，给全体教师做榜样，才能带领教师队伍整体向前发展。

可以说，大多数校长都曾经是优秀教师，但是，并不是每个校长都能保持一直是优秀教师。由于行政事务繁忙，很多校长无暇顾及教学，不能深入教学第一线，渐渐地，这些校长远离甚至舍弃了教学，最后导致教学能力下降。在谢文东看来，舍弃课堂是校长极大的损失。

谢文东认为，走进课堂、亲近教学是校长保持教育敏感性的重要保障。首先，校长走进课堂，可以强化自身的专业知识，促进自身的专业发展。所谓"教学相长""打铁还需自身硬"，校长走进课堂，可以"逼"着自己挤出时间研究教学，提高教育理论水平和教育实践能力。其次，校长走进课堂，能够发挥榜样作用。校长的第一身份是教师，校长带头上课，能为教师树立榜样。最后，走进课堂，有利于校长做出正确的决策。课堂中蕴含着丰富的信息，反映出学校教与学的状况。校长走进课堂，不仅能够透彻了解教师的教育理念、教学行为、教学成效，以及存在的问题，还能了解学生的学习现状和需求，掌握教学一线的真实情况。这样，就可以站在新的高度，从新的视角对学校的发展做出及时、科学、正确的决策。

（二）陪着学生一起成长

很多教师认为，要成为优秀的教师，只要提高课堂教学能力，让学生在考试中获得高分就行了。其实不然，一名优秀的教师固然要让学生学得好、考高分，但更重要的是促进学生身心的健康成长，使学生成为对社会有用的人。

著名的教育家林砺儒说："你要热爱儿童，才能了解儿童。你了解他们越透彻，你便会更热爱他们。"谢文东便是如此。自从走上三尺讲台那一刻起，谢文东就没有离开过他的学生。这些年来，他总是鼓励学生去追寻梦想，立志走向社会。谢文东的学生都说，谢老师是他们遇到的最不像教师的教师，也是最好的教师。对学生而言，谢文东不是一位普通的传授

知识的教师,而是一位陪伴学生一起成长的好朋友。谢文东一直说,他不愿意离开他的学生,他要陪着学生一起成长。

第二节 居首位,引众师

苏霍姆林斯基曾说,一个好校长就是一所好学校。这肯定了校长在办学中的独特地位,强调了校长对打造教师团队、发展学生素质、成就一所学校的重要性。谢文东担任校长后,就着手打造幸福教师团队,为青年教师实现梦想搭建广阔的平台。

一、打造幸福的教师团队

一个不幸福的教师,难以塑造出有幸福感的学生;一个不幸福的教师团队,难以保证学校的可持续发展。随着教育改革的深入,教师容易出现不同程度的职业倦怠,从而影响教师团队的健康成长。要帮助教师克服职业倦怠,除了要引入各种管理机制外,还要通过打造幸福的教师团队,让广大教师幸福地教书、幸福地育人。

(一)一个观点组建幸福团队

谢文东除了是一名卓越的教师以外,还是一名出色的校长。他说,学生的幸福就是教师的幸福,而教师的幸福才是校长的幸福。走在教育改革的道路上,谢文东不是独自前行,而是带领着他的幸福教师团队一同开拓创新。作为领头人,谢文东十分注重对团队的引领。

笔:作为幸福教师团队的领头人,您是如何引领这个团队的呢?

谢:幸福教师团队的建设是一项系统工程。在引领团队方面,我重视"多元引领"。第一,引领教师读书学习。现在,团队里的教师已经完成了从"要我读书学习"到"我要读书学习"的转变了,同时,大家也养成了"学习—研讨—实践—反思"的习惯。我们整个团队一起读书,一起学习,不断充电。大家都意识到了只有主动建构新的知识，不断完善自己，才能让自己充满活力，才能适应当今社会对教师的要求。第二，引领教师进行自我设计，实现自我超越。我们要求团队中的每一名教师都要规划好自己的教育发展道路，明确个人发展愿景。我们提出"立足眼前，规划五年，构想未来"的要求，团队里的教师要找准自己每一年的定位，规划未来五年的目标，构想未来的发展方向。学校会尽量多地搭建平台，尽量多地给予教师帮助。第三，引领教师向名师学习，注重科研。近年来，学校积极聘请来自各地的教育专家、学者给教师做讲座，让教师面对面地感受名师名家的学术魅力，让教师与名师名家直接交流。科研工作是我们幸福教师团队的核心工作。科研是提高中小学教师素质的途径之一，是中小学教师从教书匠向研究型教师、学者型教师转变的一个有效途径。通常情况下，我们是整个教师团队共同进行科研工作的。例如，某位教师在实践中发现问题，提出问题，我们一起探索研究。在科研的过程中，我们按照"确定研究课题—查阅资料—制订研究计划—收集和整理资料—开展研究—撰写研究报告"的流程进行分工合作。如果研究成果是有效的，我们就鼓励教师将理论成果运用到实践当中。第四，引领教师彼此欣赏，齐头并进。"独学而无友，则孤陋而寡闻"，我们的幸福教师团队积极倡导互助共享的集体备课机制。教师集体备课，是教师群策群力、集思广益的好途径，能够充分发挥团队成员相互启发、相互督促、相互激励的优势。在集体备课过程中，每个人的专业水平都得到了提高，这不仅成就了每一位教师，更凝聚了人心，铸就了团结向上的团队精神。

全校教师在谢文东的带领下，不仅业务能力、职业操守、学习热情得到了提升，科研能力也得到了极大的提高。近年来，学校在教研方面可谓硕果累累，有26人次的论文在各级刊物发表。谢文东和他的教师团队共同营造了一个良好的学习气氛，正是在这种氛围的影响下，每位教师都取得了不菲的成绩。在这个共同学习、相互赏识、分工合作的团队里，教师不仅获得了个人的成长，更感受到了当教师的幸福。

（二）三种意识打造幸福团队

谢文东认为，打造幸福教师团队除了要用正确的观念引领团队外，还要树立三种意识：层次意识、平台意识、氛围意识。

1. 层次意识

校长要有强烈的提升各层次教师素质的意识。过去尽管也强调教师要不断充电，不断学习，但由于知识更新速度慢，学科内容和教材相对稳定，加上体制方面的因素，致使许多教师"吃老本"，即用毕业前所学的知识，老调重弹，照本宣科，这是典型的"老本教师"。这些"老本教师"既不管社会发展的要求、知识更新的需要，也不管学生发展的渴望。然而，在现代社会，教师的素质如果不提升，何言学生的素质教育？提升教师的素质可以通过改善教师队伍结构来实现。教师队伍结构按年龄可分为老、中、青三个层次，既相对独立，又互相作用。校长要区分教师的层次素质要求和教师素质要求。前者是指不同教龄或不同职称、不同学科教师在专业成长各阶段的素质要求，呈量变表现；后者泛指教师的一般素质要求，呈固定标准。要打造幸福教师团队，校长就要有意识、有计划、有步骤地强化各层次教师的素质，发扬老年教师的守业精神，发挥中年教师的攻关积极性，调动青年教师的苦干劲头，这样才能有效帮助各层次教师克服职业倦怠。通过组织老年教师教学风格交流、中年教师教改研讨、青年教师课堂教学比赛等活动，提升各个层次教师的素质。同时，校长要注意发挥各层次教师之间互相带动、互相促进的作用，如组织"拜师会""谢师课"等，让各层次教师取长补短，实现教学相长的目的。当然，校长在树立层次意识的同时，不能游离于教师层次之外，而应积极主动地参与到层次素质提升中去，和教师一起建设幸福团队。

2. 平台意识

校长要有搭建不同的平台让每位教师都多学习、多交流、多提升的意识。校长搭建平台时要将大小平台相结合、校外校内平台相结合，既有面向全体教师的平台，又有针对年级组或学科组的平台；既有校内平台，又有校外平台。搭建起不同平台的关键是要立体化，如教师论坛、学科论教、级组切磋等，让每位教师都有机会在不同平台上幸福地展示自己、反思自己、提升自己。另外，校长还要善于向一些团队借力建设新的平台，如几个体育教师经常聚在一起打球，就可以把他们组成球队，组织他们到校外交流。总之，校长作为团队的领头人，一定要给教师提供创造幸福、分享幸福的平台，这样才能出现幸福教书、幸福育人的局面。为教师搭建不同的平台时，校长应该清醒地认识到自己不是旁观者，而是积极的参与者。

3. 氛围意识

校长要有做一位氛围营造师的意识。教师队伍建设离不开幸福团队成长的沃土，这"沃土"就是氛围，校长要在教师队伍中努力营造公平、公正、和谐、和睦、积极、向上的氛围。校长可以从改善教师的工作环境开始，给予教师人文关怀，不断营造浓厚的环境育人、管理育人、服务育人氛围，从而打造幸福的教师团队。

二、开展校本教研，培养卓越教师

通过观察，谢文东发现，教师通过几年的不懈努力是能够站稳讲台、独当一面的，但是在科研能力方面可能还比较薄弱。这些教师的教学没有理论支撑，往往无法创新，教学质量难以提高；即使有丰富的教学经验，也难以从理论的高度进行总结、提升，难以形成系统的观点。谢文东认为，优秀教师的培养需要一种有效的途径，这种途径既能解决教学中存在的问题，又可提升教师的专业能力，校本教研正符合这一要求。校本教研是一种以解决本校教学面临的各种具体问题为目的，通过教师自己的研究、反思，得出研究成果并直接应用到教学实践中的研究活动。

（一）校本教研的特点

校本教研应从学校的实际出发，依托学校自身的资源优势和特色进行。校本教研不仅是教师的专业发展活动，更是教师理论素养的提升过程。谢文东从多年的实践中总结出校本教研所具有的三个特点。

1. 校本教研是教师自己的研究

校本教研不同于以往的许多研究。以往，教师只能作为"配角"，配合专业研究者进行研究；而在校本教研中，教师是研究主体，教师对日常教学中所面临的具体问题进行研究，提出解决问题的基本设想，并创造性地完成研究工作，得出研究成果。校本教研的最大特点就是教师自己进行研究，教师即研究主体，掌握研究的主动权，由教师在教学实践活动中对存在的与教学实践有关的人、物、事件、活动进行如实的记录、分析和推论，从而揭示问题的真相，提出解决问题的对策。学生即研究客体，校本教研以促进学生发展为宗旨。教师与学生的关系不同于一般的研究者与被研究者的关系，而是一种建立在情感约定的基础之上的相依关系。这种相依关系是师生间的真挚情感的自然流露，为校本教研提供了得天独厚的优势。主体与客体进行的是零距离的教研，有利于教师走出纯理论研究的误区，开展身体力行的研究。教师自己的研究还具有很强的个性化，不同教师所遇到的问题不一样，研究的课题、研究的方式方法也不一样。总而言之，校本教研是教师自己的研究，是最直接、最经常、最有效的研究。

2. 校本教研在教师教学中进行

校本教研的课题来源于课堂，来源于教与学，来源于具体问题的提出，因此，校本教研表现为在教学中研究，对教学进行研究，为了教学而研究。研究课题产生于师生交往中的困惑，研究过程是教师对自身教学实践性智慧进行提升的过程。教师自己的研究不是为了给专业研究者提供某些研究证据，也不是简单地把教育理论按照程序运用于实践，而是围绕着如何解决教学实际问题展开，具有很强的实践性。

3. 校本教研的结果用于教学工作的改进

校本教研的研究问题来源于学校，由教师自己发现、提出。教师通过设计解决方案，实践验证方案，得出研究成果。在校本教研中，教师既是课题的研究者，又是成果的分享者。教师将研究的成果运用到教学实践当中，能有效地提高教学质量。

（二）校本教研的基本要求

教师的反思是校本教研的基本要求。波斯纳认为，成长＝经验＋反思，如果教师仅仅满足于获得经验而不对经验进行深入的思考，那永远只能停留在新手型教师的水平。可见，教学反思对于教师的成长非常重要。新课程所蕴含的新理念、新方法及其实施过程中所出现和遇到的各种各样的新问题，需要每位教师以研究者的心态置身于教学情境之中，以研究者的眼光审视和分析。若要开展校本教研，就要鼓励教师大胆反思，把"在行动中反思"和"对行动进行反思"贯穿于校本教研的始终，使教师的反思成为校本教研的出发点和归宿。教师的反思不是一般意义上的回顾，而是对问题进行反复、严肃、执着的沉思，并对形成的认识加以激活、评判、验证和发展的过程。

谢文东认为，在校本教研中，教师的反思可以分为两部分：自我反思和教学反思。自我反思是教师以自身为思考对象，对自己在教学中的教学理念、教育责任感、合作精神等进行审视和分析的过程。自我反思即"对行动的反思"，它产生于行动之后。教师在教学结束后，经常会回过头来思考教学的得失，进行自我发展性评价。教学反思是教师以教学活动为思考对象，对教学过程中的各个具体环节进行反思和调控，包括对教学目标、教学材料、教学方法、学生反应等方面的调控。教学反思即"在行动中反思"，它发生在行动过程中。教师在课堂教学中，经常会遇到一些意料不到的事情，这就需要对这些事情进行思考，运用教学机智进行新的生成教学。

反思是校本教研的基本途径，教师既可以从教学反思中随时提出要解决的问题，又可以通过自我反思找到解决问题的方法。因此，校本教研中教师的反思具有"三性"。第一，自主性。反思过程是教师个体凭借自己的体验来展开，而不是被他人强迫的，无论反思的内容、步骤和效果如何，都由教师自己决定，教师在这期间可能会参考他人的意见，但仅仅是参考，不起支配和决定作用。第二，双重性。在这个过程中，教师既是反思的对象，其反思是为了实现自我实践性智慧的提升、教学风格的完善，

又是反思的承担者,其反思行为是一种效果的体验和调控。第三,探究性。教师的反思是对未知问题的质疑,是对现行状态的一种否定性的改进,是以批判的眼光来审视现行状态。就教师自我而言,是前所未有;就问题的产生而言,是即时生疑。因此,校本教研要充分调动教师的反思积极性。谢文东主张把校本教研的自主权还给教师,学校应帮助教师创造条件,营造氛围,建立机制,尊重教师的选择,肯定教师的反思。

(三)校本教研的两种模式

校本教研直接指向学校中的教育、教学、管理等方面发生的问题。校本教研模式是指学校开展校本教研较为稳定的研究活动结构框架和活动程序。谢文东通过研究发现,以往的校本教研模式比较单一,效果甚微。校本教研只有不断创新,由单一的模式向多元的模式转化,才能促进教师的专业成长,提高校本教研的实效。因此,谢文东主张,校本教研应将教学研究式与教育会诊式两种模式相结合。

教学研究式是校本教研的模式之一,是教师在教学实践中对自身实践的系统反思。这种模式的优势在于能解决教育理论与教育实践脱节的问题。它要求以反思为核心,坚持以教师为本的理念,让教师在困惑中成长,在实践中成熟,让教师立足课堂、优化课堂,使研究为教学服务,使教学成为研究的沃土。这种模式既可以是教师个人单干,也可以是小组合作,形式灵活,教师掌握选题、计划和行动的权利,学校建立机制,完善教师"实践—反思—再实践"的智慧生成路径。

教育会诊式是校本教研的另一种模式,是由学校搭建会诊的平台,让教师先提出教学中存在的问题,再进行集体审议或共同诊断。会诊的主角是教师,也可邀请专家。会诊的形式可以是案例会诊,也可以是现场会诊。案例会诊主要是指教师把自己在教学中感触较深的典型事例公开化,并在其他教师的帮助下发现自己的问题,共同研究解决方法,最后筛选出最佳的解决方案。这种通过积极的心理分析和深度反思,提出独到的见解或对其他教师的提问做出及时回应的方式,能够有效地借助集体的智慧,矫正教师个人的偏颇和不足。现场会诊则是通过听课、评课的方式,让教师对教学进行剖析、批判、反省，从而获得一种内在的启迪和外在的激活，它有利于弥合理论与实践的脱节，促进教师向卓越方向发展。

第三节 兴国学，播书香

作为一位国学的传播者，谢文东深刻地认识到教师的使命和责任十分重大。他创新教学模式，将课堂作为弘扬传统文化的阵地；他主张举办古诗节，在校园中掀起师生齐学古诗的热潮。

一、创新教学模式，弘扬传统文化

文化的时代性和民族性，在传统文化上表现得最为鲜明。传统文化在历史上一直起着积极的作用，值得我们重视、传承与发展。但随着外来文化的渗透，中国传统文化遭受到空前冷遇，教育在传统文化传承方面存在着明显的薄弱环节，公民的民族文化保护意识比较淡薄。现在的孩子吃的是肯德基、麦当劳，看的是日本、韩国的动画片，过的是"洋节"，越来越多的中国孩子热衷于外来文化，逐渐远离我们自己的传统文化，甚至对传统文化产生了冷漠感，中华民族几千年的文化史正面临着断链的危险。因此，要弘扬传统文化，转变思想观念尤为重要。

在学校中传播传统文化主要依赖课堂教学，可目前五花八门的教学模式难以切合传统文化传播的需要。面对这样的情形，谢文东深深感到当务之急是探索一种符合传统文化传播需要的教学模式。经过几番摸索与实践，谢文东总结出一种形式可行、效果明显的教学模式。

（一）创设文化情境，营造学习氛围

《义务教育语文课程标准（2011年版）》明确指出，要使学生认识中华文化的深厚博大，吸收民族文化智慧，提高文化品位和审美情趣。

在我国源远流长的文学史中，古诗文是文学殿堂里最耀眼的瑰宝，是

灿烂的中华文明的象征之一。小学教材选编的古诗文，集思想美、语言美、艺术美、形式美于一体，是对学生进行审美教育的重要载体，也是学生学习传统文化的重要途径。创设文化情境、营造学习氛围是实施教学新模式的第一步。谢文东认为，文化情境的创设包含四个板块：教室情境创设、导语情境创设、课前五分钟情境创设和音像情境创设。教室情境创设主要是在教室的墙壁上张贴古代名人的画像和书法家撰写的名言警句，在黑板报上专门开辟"民族文化快餐"一角等，以此来营造一种浓厚的文化氛围；导语情境创设是指语文教师要根据教材内容选择相关的名言警句、诗词赋文、传说故事、名人逸事等来设计课堂导语；课前五分钟情境创设是指语文教师利用上课前的五分钟让学生专门学习传统文化，让学生自主选择所喜爱的传统文化来学习；音像情境创设是指利用音乐和影像等教学媒体来创设一个文化情境，通过相关的影像材料，让学生在耳闻目染中感受中华传统文化的精妙绝伦与博大精深。这四大情境的创设能够在潜移默化中激发学生对传统文化的学习兴趣，拓展他们对传统文化的认识，积累他们的传统文化知识。

（二）深挖教材的文化内涵，积累学生的文化知识

语文教材不仅承载着丰富的语文知识，更蕴含着深厚的文化内涵，字里行间都流淌着传统文化鲜活的血液。语文教材中的诗、词、小说等古代作品是传统文化的精华，教学新模式要求教师要认真分析、挖掘教材中的传统文化内涵，并通过恰当的方式传递给学生，让学生真正认识和理解传统文化的合理内核与真正价值，从而自觉地接受优秀的传统文化。

谢文东认为，在教学实践中，教师可以从以下几个方面入手挖掘教材的文化内涵：第一，从课文的注释、阅读提示入手，挖掘有关的传统文化常识，让学生了解和掌握；第二，从课文内容的主题入手，挖掘优秀的思想内容和传统美德，让学生在品味课文的思想情感的过程中受到感染和熏陶；第三，从课文的故事情节入手，挖掘课文的传统文化内涵，让学生在特定的历史背景及人物命运中感悟人生；第四，从课文词句入手，挖掘相关的传统文化背景，加深学生对传统文化产生的历史背景的认识；第五，

从课文插画、课后习题入手，挖掘传统文化的意趣，激发学生对传统文化的好奇心与学习兴趣。

（三）拓展学生的经典阅读，加强对学生的阅读指导

我国的传统文化博大精深，阅读经典是开阔视野、积累传统文化、丰富生活的良方。同时，它有利于学生陶冶情操、加强修养、丰富见识，有利于学生健康心理素质的形成。语文教师可以通过师生共同阅读经典、将文学作品改编成话剧的形式，激发学生对经典阅读的兴趣。此外，语文教师还要有计划、有目的地进行课外阅读指导，带领学生潜心阅读传统文化经典，利用阅读材料教给学生读书方法，引导学生吟咏古诗文，加强传统文化教育，在大量的阅读实践中培养学生良好的阅读经典的习惯。

语文教学是对学生进行传统文化教育的重要途径。著名学者刘国正认为："中国语文教育与传统文化如胶似漆，密不可分。"因此，谢文东指出，在语文教学中加强传统文化的教学分量，将其蕴含的民族文化和民族精神扎根在学生心灵深处，并以此为基础构建学生的精神家园，发扬中华民族的优良传统道德和民族精神，这无疑具有前所未有的重大意义。他又强调，教师本身就是优秀文化的传承者，利用课堂教学传扬优秀的传统文化，理应成为每一位教师义不容辞的责任。

二、 特色古诗节营造书香氛围

苏霍姆林斯基说："只有创造一个教育人的环境，教育才能收到预期的效果。"谢文东认为，一个优秀的教师同时也应该是一个优秀的学习氛围营造师和学习活动设计师，要重视环境对学生潜移默化的影响，发挥活动对学生的锤炼作用。谢文东是传统文化的爱好者和传播者，他认为古诗是传统文化中最美、最精妙的组成部分，应该让学生通过学习古诗感受传统文化的美妙。为此，他倡导、带领全校师生共同学习、共同品味古诗，还成功地举办了一届又一届的古诗节。

（一）古诗节的举办

谢文东深知"众人拾柴火焰高"的道理，同时知道作为一名校长应该发挥榜样作用。因此，他主动联系教师，鼓励他们热情参与，与他们一起为举办古诗节出谋划策。经过数月的准备，一场盛大而隆重的古诗节在学校顺利举行。古诗节为期一个月，一系列的活动贯穿始终，有全校性的古诗文朗读比赛，也有古诗文课堂教学研讨等。别开生面的古诗节吸引了其他学校很多教师前来观摩学习，同时引起市教研室、区教研室领导的关注。其中，"书香家庭"的评选活动最为成功。家长和学生纷纷踊跃报名，前来参赛的有三口之家，也有三代同堂的家庭。比赛当天，场面热闹非凡，盛况空前。前来观看的除了部分家长代表外，还有不少市民在学校围墙外驻足观看，把学校围得水泄不通。每个家庭的表演都很有特色，令人感动，产生了良好的社会效应。

古诗节最后成功落幕。谢文东回想起数个月与同事共同奋斗的经历，深有感触：一个优秀教师的成功不仅是他个人努力的成果，也是一个团队合作的成果。是的，一个人的能力毕竟有限，但一个团队的力量是巨大的。谢文东用他的经历向我们证明，若要成为优秀教师，必先要有优秀团队。

（二）古诗节的成功

古诗节的举办是一个创新性的举动，获得了超出预期的成功。古诗节不仅充分展示了学校弘扬传统文化的成果，而且引起了很大的社会反响，国内外多家媒体都报道了这件事。古诗节的成功举办让谢文东更加坚定了弘扬传统文化的决心，同时，实践的成功让谢文东渴望将这种切实有效的教学模式加以理论化，以便为其他学校提供可借鉴的蓝本。他进行了系统的研究，并主持广东省"中华传统文化教育的研究"子课题"诵读经典诗文——传承传统文化的研究"，取得显著成果：学校先后被评为"全国首批中华经典诗文诵读实验特色创新学校"和"广东省书香校园"；副校长邱惠群被评为"推动经典诵读百佳校长"，教导处主任曾国容、教师杨帆分别被评为"推动经典诵读百佳主任"和"推动经典诵读百佳老师",而谢文东本人被评为"推动经典诵读突出贡献校长"。

谢文东通过总结,将经验上升为理论,不但促进了教学,而且形成了自己的特色。总结是卓越教师提升自我的重要方式,是形成属于自己的教育思想的重要途径。教学理论来自教学实践,又服务于教学实践。教师专业意识和专业能力的成熟过程,实际上是教师在教学实践中不断总结和不断完善的过程。只有经验积累而没有总结意识,就难以改进教学,难以达到卓越的境界。教师要善于总结经验,善于自我提升,这是谢文东给予我们的启示。

在教学实践和学校管理中，谢文东以亲切温暖的态度，创设了和谐的育人环境；他注重传统文化和本土文化，提出了儒雅教育的主张；他在继承的基础上不断创新，彰显了鲜明的办学特色。

中篇 教育理念

第三章 亲切与温暖：营造和谐的育人氛围
第四章 儒雅与本土：创新素质教育
第五章 继承与创新：彰显办学特色

第三章 亲切与温暖：营造和谐的育人氛围

总结谢文东多年来的教育经验，可以用两个词来概括：亲切与温暖。无论对学生、教师、家长，还是对其他人，他都以一种亲切的态度，给人以温暖。在长期的教育实践中，经过不断的反思与总结，谢文东提出了"语文教育是生命教育"的教育理念，力求通过挖掘教材中的人文性来对学生渗透生命教育。他还提出了"人文化"的教学主张，以此来培养学生的综合素养。

第一节 亲切与温暖的含义、特点和意义

亲切是一种亲爱和善的态度，具有协商性、亲和性和差异性。温暖是一种富有热度的情感，作为人的情感需求的一部分，在关爱情怀与传递温暖中满足着人内心的真实感受与需求。亲切与温暖正是谢文东和谐育人的基本点。

一、亲切与温暖的含义

（一）亲切的含义

社会心理学家梅拉宾被公认为是最早定义"亲切"一词的学者。他认为，亲切是一种交流行为，不仅能够缩短人与人之间的距离，而且能够增进人与人之间的亲近感。也就是说，亲切性存在于人们的社会交往中，是

增强人与人之间吸引力、改善人际关系的言语或非言语的表现。自梅拉宾之后,"亲切"一词很快被应用到教育领域,有关教师亲切性的研究也开始出现。

心理学家安德森认为,教师的亲切性是教师沟通能力的一种体现,具有亲切性的教师与学生的距离更近、沟通效果更佳。教师富含亲切性的沟通技能会使学生对教学目标、教学内容和教学方式产生认同感,从而建立良好的师生关系。良好师生关系的建立又能促使学生遵守课堂纪律,减少对教师的敌对情绪,进而提高教学效率。教师展示的亲切性表达了与学生亲近和沟通的愿望,这会在无形中弱化传统课堂中教师的权威地位,让学生感到自己被尊重、被理解,从而增加学生在学习活动中的参与度,进而不断使教学效果得以提高。安德森将教师的亲切性定义为增加师生之间非言语互动并传递亲切感的教师的非言语行为。可见,早期对教师亲切性的界定主要偏重于非言语方面。

后来,对教师亲切性的界定拓展到言语方面。纽列普认为,教师的亲切性是指那些缩小师生之间空间和心理距离的教师言语和非言语的沟通行为。其中,言语的亲切性可以借助表示同一性的用词(如我们、我们的),传递兴趣、喜欢、支持、鼓励的话语,对学生以名相称,询问学生的个人情况,征询学生的意见等来实现;非言语的亲切性可以通过轻松、愉快的表情和手势,得体的触摸,声音的表现力以及互动式的教室座位布局得以体现。

(二)温暖的含义

《现代汉语词典(第6版)》对"温暖"一词的解释为暖和或使感到温暖。根据温暖的定义我们可知,它是一个褒义词,可以表现一段时间内天气的变化情况,更广泛的含义是使人感到温情。温暖的情感在教学中的重要性逐渐被广大教育工作者所重视,教师开始关注学生内心真实的感受和需求。温暖的情感容易使人感到心理上的欣慰和满足,从而更快捷有效地实现精神需求。温暖的情感就是一种充满爱和快乐,使人感到惊奇并向往的积极情绪。

二、亲切与温暖的特点

（一）亲切的特点

1. 协商性

协商性表现为教师在深入了解学生兴趣和需要的基础上，让学生参与教学方案的制订和修改，通过师生双方的协商来完善教学方案。协商有利于促进师生关系的良性发展，营造民主平等的融洽气氛，教师不再是高高在上的权威，而是学生学习的帮助者和指导者。教师通过协商能够更加清楚地了解学生的需要，从而制订出满足学生需求的教学目标、学习内容和学习活动。同时，协商还有利于解决学生的情感问题。师生之间的协商过程本身就是情感交流的过程，学生的学习兴趣常常随着教师的情感而转移，融洽和谐的师生关系、真诚的情感交流能使学生无拘无束地去学习和接受新知识。

2. 亲和性

亲其师，信其道。具有亲和力的教师可以赢得学生的尊重和信任，可以获得学生的理解和宽容。教师的亲和力在本质上是一种爱的情感，只有发自肺腑地爱学生，才能真正地亲近学生。教师亲和力的核心是民主平等的思想，只有把学生当成"大写的人"，当作自己亲密的朋友，才能容忍学生的缺点，尊重他们的话语权，做到以理服人、以情动人。教师拥有亲和力，才会拥有宽广的胸怀，理解学生的兴趣爱好，允许学生发展自己的特长，并真诚地帮助学生在非本学科领域里获得成功。

3. 差异性

世界上没有两片完全相同的叶子，同样，世界上也没有两个完全相同的人。首先，个人经历和知识储备的不一致性决定了个体发展的差异性；其次，人的复杂性决定了个体的独特性。我国著名学者黄克剑先生指出："施教者和受教者都是一个个活生生的人，教育不是既定划一的笔墨，用划一的教材和方法把受教者加工成划一的'标准件'，而是尊重受教者各

自独特的天赋、气质、禀性、趣味。"教师不仅要接受学生的差异,还要尊重学生的差异,避免采用"一刀切"的方法来对待所有的学生,要根据每个学生的特点进行因材施教,促进学生的异步发展。

(二) 温暖的特点

1. 情感性

"情感是人类社会最永恒的语言,而治学的根本环节也在于治心。"苏霍姆林斯基把情感看成教育成功的秘诀。情感一般是正面和反面成对出现的,例如,希望和失望、喜爱和仇恨等。温暖的情感是正面的,只有让教师感受到温暖,才会点燃其教学热情,提高其工作积极性;只有让学生感受到温暖,才会激发其学习动机,提高其学习主动性;只有让家长感受到温暖,才能提升其教育配合性,进而增进家庭与学校之间的互动。只有用情感这条主线才能将教师、家长和学生三者紧紧地联系在一起,营造和谐的育人氛围。

2. 传递性

著名教育家雅斯贝尔斯说:"我们的教育本身意味着,一棵树摇动另一棵树,一朵云推动另一朵云,一个灵魂唤醒另一个灵魂。"如果教师能在教育过程中恰如其分地把温暖的情感通过每一个动作、每一种姿势、每一种表情传递给学生,就能引起学生的情感共鸣,产生更好的教育效果。

3. 无形性

温暖是一种关爱情怀,它看不见也摸不着,却在无形中影响着人的发展。教育是人的灵魂的教育,而非知识的堆砌,它往往是无形的。教师可以充分地利用情感效应和各种情境中的教育因素,使学生在耳濡目染中受到熏陶和感化,也可以通过各种活动来激发学生的潜能,最大限度地感化与教化学生。

三、亲切与温暖的意义

(一) 亲切的意义

1. 缩短交往距离，消除人际隔阂

亲切能消除家长和学校之间的隔阂。我们不时会听到家长对教师、学校的埋怨，认为教师水平不高，学校设施不完善。同样，教师对家长也存在诸多不满，认为家长太娇惯孩子，对学校教育要求过高又不愿意配合学校工作。不可否认，家长和学校之间确实存在着隔阂，而亲切则是家长和学校双方互动的桥梁。首先，亲切的态度能缩短家校之间的距离，让他们都能静下心来聆听彼此的想法和建议，建立彼此之间的信任与合作。其次，亲切能消除家长和学生之间的隔阂。随着年龄的增长，孩子的认识、思想也有了很大的变化。有的孩子与家长的观点不同，还有的孩子和家长之间产生了不可化解的矛盾，而亲密的亲子活动可以有效地缩短彼此的距离，增进他们之间的情感。

2. 完善教育系统，实现教育和谐

苏霍姆林斯基说："教育的效果取决于学校和家庭的教育影响的一致性。如果没有这种一致性，学校的教学和教育过程就会像纸做的房子一样倒塌下来。"只有在学校教育与家庭教育保持一致时，才能形成良好的教育环境，进而培育出合格的人才。在思想交流过程中，学校与家庭要做到彼此了解，增进情感，相互支持，共同研究教育措施，把师生之爱和亲子之爱融为一体，使学校教育和家庭教育和谐统一，才能完成育人的使命。

(二) 温暖的意义

1. 师爱润童心，激发学生学习的兴趣

爱学生是教师一切工作的出发点。教师要善于接近学生，体贴和关心学生，并与他们进行亲密的思想交流。教师对学生施教，需要用爱心去温暖他们，用动之以情和晓之以理的方式去激发他们的学习兴趣，使他们在

教师的关怀下健康成长。每一次充满爱的教育，都会为学生打开一扇窗户，让学生看到一个色彩斑斓的新世界。教师有了爱，其智慧才能像春雨一般，无私地温暖和滋润学生的心灵。

2. 领导暖师心，点燃教师教学的热情

苏霍姆林斯基认为，学校领导最重要的工作不是对教师的领导，而是把每一位教师都培养成为有良知、有思想、个性鲜明的人。出色的校长首先应该实现教师的发展，然后再借助教师的发展来促进学校的发展。古人云："橘生淮南则为橘，生于淮北则为枳。"一所优秀的学校，提供给教师的不仅仅是一种教育，更是一种服务，是一种适合每个教师发展的服务。校长应该为教师营造一种温暖的教学环境，让教师感受到家庭般的温暖，从而把学校当成自己的第二个家。只有把教师的发展与学校的发展结合起来，才能更好地凝聚人心，实现立业、兴家的宗旨。

3. 家校心连心，共同担当教育的责任

苏霍姆林斯基说："只有学校教育而无家庭教育，或只有家庭教育而无学校教育，都不能完成培养人这一极其细致而复杂的任务，最完备的教育是二者的结合。"传统的教育往往忽略了家校双方的合作，在孩子进入学校后，家庭往往成为"后方阵地"，家庭教育大多处于一种被动的状态。家长常常存在着这样的想法：把孩子送到学校就是把一切都交给了老师，自己只要让孩子吃好、穿好、住好就行，至于教育，那是老师的事。此外，家长还存在着不尊重孩子的隐私和权利，给孩子指定发展方向，把学习成绩当成一切表现的指针，认为父母的爱是对子女提出任何要求的借口等不正确的想法。学校有责任转变家长的这些不正确观念，可以通过交谈、讲座、书面联系，或向家长推荐一些科学有效的家庭教育方法等来帮助家长转变不正确的观念。除此之外，还要让家长正确了解自己孩子的性格、能力、爱好等，既不要过于望子成龙、望女成凤，也不要包办代替或放任不管，使家长充分认识到家庭教育的重要性，从而担负起教育孩子的重任。

第二节　亲切如春：搭建育人平台

雅斯贝尔斯说："教育是人的灵魂的教育。"谢文东从教育的本质出发，把育人的目标归纳为"四有四要"，即有基础，要夯实；有素质，要强化；有文化，要打造；有层次，要提高。在"四有四要"的基础上，他又提出了"三亲"理念，即亲生、亲师和亲长。通过"三亲"搭建一个同步育人的平台，还给学生一个幸福的童年，为教师打造一个幸福的团队。当学生的灵魂被唤醒后，他们就会更加努力地学习，个性发展就会更顺畅；当教师的灵魂被唤醒后，他们就会更加热爱教育事业，专业成长就会更快；当家长的灵魂被唤醒后，他们就会更有针对性地对待孩子的教育。

一、亲生，还学生幸福的童年

谢文东认为，亲生，即走近学生，热爱学生。具体而言，它主要是指教育者以生为本，通过活动来育人，把传统文化融入素质教育中，从而搭建一个亲生的平台，用师爱来滋润童心，还学生一个幸福的童年，让学生活动的空间更广阔、成长的环境更健康。在实施素质教育、推进课程改革的今天，教师必须将学生的主体地位置于首位，即以生为本。教师只有走进学生的心灵，才能与学生相互理解、相互启发、共同成长。亲生主要表现在两个方面：一是在课堂上，相信学生是学习的主动接受者，能够进行自我选择和自我判断；二是在生活上，给予学生足够的时间、空间，使他们做到学习、生活两不耽误。家长与教师都应该为学生的健康成长创造良好的环境，使学生徜徉在学习的乐园里，快乐地学习和成长。亲近学生，要求教师在传授知识的同时，更要善于与学生进行心灵的沟通与交流。

(一)以活动为载体,营造育人氛围

谢文东在晨光小学任职时,成功地举行了各种富有特色的活动,如"双节"活动、"双周"活动及"双营"活动,即以古诗节活动和英语节活动为载体,开展特色活动,营造一个充满书香气息的育人氛围;以爱心周活动和竞选周活动为载体,开展互助友爱的活动,营造一个充满关爱情怀的育人氛围;以教与学交流营活动和体育交流营活动为载体,营造一个充满人文关怀的育人氛围。以活动为载体,通过师生主动地参与活动,逐渐营造一种富有浓厚育人特色的氛围。这些活动注重成效,突出日常性。

(二)以情感为纽带,拉近师生距离

爱因斯坦曾说:"情感和愿望是人类一切努力和创造背后的动力,不管呈现在我们面前的这种努力和创造在外表上是多么高超。"人的情感的内驱力比外在的努力还要强大。谢文东坚持以情感为纽带,有力地拉近了师生之间的距离。在端午文化节上,他写了一副对联——巍巍山岳屈原志,漫漫汨罗端午舟;路漫漫其修远兮,吾将上下而求索。这既是对爱国诗人屈原的缅怀,又是对全体师生的期待。

(三)以活动为平台,做到学以致用

学校开展的多姿多彩的活动,给学生提供了展现自我的平台。比如,在端午文化节上,学生出墙报、办诗会、制作端午文化袋等,活学活用,充分发挥了自己的主体性。

二、亲师,给教师提升的机会

谢文东认为,亲师,即尊重教师,亲近教师,依靠教师。具体而言,它是指管理者以师为本,戒除浮躁,脚踏实地地依靠全体教师办好学校,给教师提供一个发展的平台、一个活动的空间及一个灵活的机制,以此推动幸福教师团队的建设。谢文东不仅是一位卓越的教师,也是一名出色的

校长。他认为,学校的发展与教师的发展是相互促进、相辅相成的,学校给教师提供发展平台,教师为学校提供智慧保障。只有把教师的发展与学校的发展结合起来,才能更好地凝聚人心。为此,谢文东提出了"打造幸福教师团队"的主张。打造幸福教师团队是一项系统工程,校长的引领至关重要。校长作为教师团队的引领者,要立足现实,着眼未来,要内省自我,外助他人。

(一)尊重教师,给教师一个发展的平台

谢文东说:"学校最大的福利就是给教师提供培训的机会。"他把培训分为两种:一是校内培训,以造就人、成全人和发展人为指导思想,形式多样。比如,根据在教学中出现的问题,开展以问题为专题的学段培训;根据教学发展动态,开展以教育信息技术为专题的业务培训;根据教育研究的需要,开展以教研为专题的研讨培训;等等。二是校外培训,选派骨干教师到湛江师范学院等高校进行业务培训,以掌握前沿教育理论,并将其应用于教学实践。通过"再充电",教师的专业水平获得了长足发展。

(二)亲近教师,给教师一个活动的空间

谢文东的亲师更多的是体现在生活细节方面。除了一年一度的体检、平时供应凉茶、节日赠送鲜花外,学校还给教师提供了一个"幸福之家"——教工活动室。这个活动室主要供教师进行体育活动、文化活动、休闲活动等,如早晨打太极、中午休息、下午练书法等。

(三)依靠教师,给教师一个灵活的机制

有人曾做过这样的比喻:管理要由"鲸鱼型"向"沙丁鱼群型"转变。庞大的鲸鱼反应迟钝,而由细小沙丁鱼组成的庞大鱼群,在遇到障碍或危险时,几乎每条鱼都能同时转向,反应极为迅速。其主要原因就在于每条鱼都有自己的头脑,鱼和鱼之间有天然的默契。将其引用到学校管理中来,就是让教师以自主化、责任化的备课组、教研组及部门的方式一起工作,培养教师之间的默契,加强各层次的内部凝聚力,最终汇集成学校

集体的凝聚力。谢文东管理的要领是抓大放小,"各自为政",这极大地激发了教师的积极性。

三、亲长,共筑家校育人平台

谢文东认为,亲长,即亲近家长,激活家校联系。通过成立"学校—年级—班级"三级家委会,把家庭教育与学校教育有机地结合起来,构建家校育人平台。乔治·赫伯特说:"一个好母亲抵得上一百个学校老师。"马卡连柯说:"谁在教育儿童?是家庭?还是学校?既是家庭,又是学校。"教育要实现学生的全面发展,离不开家庭和学校的密切配合。家校合作,能使学校在教育儿童时得到更多来自家庭方面的支持,而家长在教育子女时也能得到更多来自学校方面的指导。家校之间的坦诚交流是家校合作的基础。教师可以把学校的教育计划、教育目标、教育方法和常规活动告诉家长,让家长对学校教育有一个大致了解。同时,家长也可以把自己的家庭背景、生活情况、家教心得告诉教师,以便教师有针对性地对学生进行教育。

(一)加强家校间的信息交流

学校和家庭两方面的教育能否密切配合,关键在于双方的信息传递是否畅通。每个学生的性格、能力、爱好都不同,在学习与成长过程中也可能表现出不同的特点。教师要了解学生在家庭中的表现及对待父母的态度等,家长也要了解孩子在学校的行为习惯、学习习惯、学习成绩等,以便对学生进行有针对性的教育。建立家校联系,能使教育更有时效性、针对性和一致性。

(二)让家长参与学校的管理

社会和家长对学校的要求是学校教育不断优化的动力。虽然现在很多家长由于诸多原因,或无暇顾及孩子的学习,或无从管理孩子的学习,但他们又都很关心孩子的成长。这一矛盾可以通过让家长参与学校的管理得以解决。通过家校之间的信息交流，在让家长及时了解学校、班级及孩子的动态的同时，也让教师及时了解孩子的家庭背景、家庭情况及在家表现等，让教师与家长在交流沟通的过程中，彼此了解，相互支持，共同研究教育方案，把师生之爱和亲子之爱融为一体，使学校教育和家庭教育和谐统一。

（三）举行亲子间的互动活动

由于辈分代沟、家长忙生计等原因，家长与孩子常常缺乏应有的沟通，这给亲子关系造成了极大的影响。陪伴才是最好的玩具，学校通过举行亲子活动，既给家长和孩子提供了交流的机会，又有利于消除亲子间的隔阂，促进了亲子沟通，融洽了亲子关系。

第三节　温暖似火：培育生命之花

语文是进行生命教育的最佳载体，语文课程的目的之一是通过中华民族优秀文化的熏陶、感染，提高学生的思想品德修养和审美情趣，使他们逐渐形成良好的个性和健全的人格，促进德、智、体、美诸方面的和谐发展。语文素养的培养既要把握语文学习的实用功能，即工具性，又要重视语文学习增强文化底蕴的功能，即人文性。谢文东提出，小学阶段人文素养的培养应定位在对生命的探索上，通过对生命的敬畏、对人生价值的守护、对生活的体悟，进一步丰富学生的语文素养，使学生初步获得现代社会所需要的语文素养。他还提出，要充分挖掘教材的人文性，渗透生命教育；进行人文化教学，培养学生的语文素养；通过生活作文，促进学生的作文学习。

一、人文性教材，渗透生命教育

语文教材是语文教学的主要依凭，其内容非常丰富，有对生活的体

验、对人生价值的取向、对生命的敬畏等,也有人文思想、人文精神、人文理念、人文情操、人文情理等内容,而这些正是实施生命教育的主要载体。因此,教师要在紧扣听、说、读、写的实践活动中挖掘教材的人文性,渗透生命教育,使人文的清香飘溢在语文教学中。

(一)以文育人

在小学语文教学中,从字词的掌握到文章的理解,都是不断地培养学生的语文素养的内容。教材中的每一篇文章都传递着光辉的思想和科学的人生观、价值观,渗透着丰富的情感和生命教育,是贯彻以文育人的良好载体。因此,教师在进行文章的分析和讲解时,要让学生了解文章的思想和特色,力求达到"文"与"育"的和谐统一。

那么,如何以文育人?

首先,通过有感情的朗读,将无声的文字变成有声的语言,逐渐把学生从读的表层引入思的境界。通过声情并茂的朗读,让学生体会作者的情感,再从情感中去领会作者的思想,把文字最终转化为内在的思想认识。

其次,通过教学情境,将抽象文字化为具体事物,激发学生的学习兴趣,让学生主动地参与学习,身临其境地体会文章的妙处。学生的体会重在教师的引导——引导学生感受作者的情感,再将这种情感加以渲染,使学生在强烈的情感中受到崇高精神品质的熏陶。

最后,通过艺术形象,把握文章的情感。教师可以通过对那些丰满的、鲜明的艺术形象的分析,挖掘学生应当拥有的精神和品质。

以文育人要求教师在向学生传授基础知识的同时,注重学生道德品质的培养,让学生在学习过程中形成科学的价值观和世界观。

(二)以情育人

赞科夫说:"学生积极的情感、欢快的情绪能使他们精神振奋、思维活跃,容易形成新的联系。而消极的情绪则会抑制学生的智力活动。"语文教材本身具有情感性。情感教育是教学的灵魂,教师要深入挖掘文本的情感,不失时机地对学生进行情感教育,进而完成以情育情、以情育人的生命教育。

以情育人可以从两个方面进行：第一，营造氛围，以情动人。有感情地朗读是激发学生情感最基本的方式，通过朗读让学生迅速进入作者的情感天地，使学生达到"物我两忘"的审美境界。第二，把握重点，借景抒情。语文教材中所选的文章，或托物言志，或借景抒情，其中贮藏着大量的情感因素，为教师的情感教育提供了得天独厚的条件。教师要善于借景抒情、寓情于景，激发学生丰富的想象力，使学生深入体会作者的情感，逐步进入情景交融的境地。

（三）以悟育人

语文课堂首先是生命的课堂，然后才是语言文字训练的阵地，因此，把语言文字放在具体的语境中感悟是非常重要的。语言作为审美客体的载体，是文学的第一要素。"语言是作品中无所不在、处处充溢的成分，能够形成基调性的深厚的缜密的语言情绪，增加文本中的审美信息量"。[①]

以悟育人的有效方法应该从感悟语言做起。首先，要激发学生的想象力，让学生在看似平淡的语句中体悟语言的丰富内涵，加深对文本的理解。其次，进行变式教学，不断吸引学生的注意力，引发他们的深入思考，使他们感知简约文字中的丰厚感情。最后，强化诵读，让学生在诵读中品味语言的诗情画意。正所谓"书读百遍，其义自现"，教师指导朗读时，要充分发挥学生的主体作用，让学生产生想读、敢读、乐读的强烈愿望，让学生在读中求知、陶情、启智，从而有效地提高语文素养。

二、人文化教学，培养语文素养

谢文东经过多年的教育实践，提出了人文化教学。所谓人文化教学，是指在语言文字的训练中，坚持做到人文关怀到位，贴近生活实际，注重学生的独特感受和体验。学生的语文素养离不开人文素养的培养。培养学

[①] 胡平. 叙事文学感染力研究 [M]. 北京：百花文艺出版社，1995.

生高尚的道德情操和健康的审美情趣，形成正确的价值观和积极的人生观，是语文教学的重要内容。只有进行人文化教学，将语文学习的工具性与人文性相融合，才能提高学生的语文素养。

（一）给予人文关怀

谢文东认为，语文教学是一个丰富人文精神、完善个性生命的过程，语言教学应该使学生在提高语文能力的同时接受情感、态度、价值观的正确导向，发展人文情怀。教师的职责是育人，因此，必须树立人文关怀的理念，关爱学生，关注学生的身心感受和终身发展。教育要以人为本，坚持一切为了学生，给予学生更多的人文关怀。

1. 培养学生良好的道德素质

道德素质是做人的根本，是调节个人行为，处理个人与他人、个人与社会关系所必需的素质。学生科学的世界观、人生观和价值观不是自发形成的，而是在教育活动中不断地加以改造和培养的结果。多给学生一点关怀，就是让学生更好地成长。

2. 培养学生良好的文化素质

教师要爱护和培养学生的好奇心和求知欲，保护学生的探索精神，为学生的发展创造宽松的环境。

3. 培养学生良好的身体素质

良好的身体素质包括良好的生活、卫生习惯和健康的体魄等。这是适应和改造环境的需要，是人发展各项素质的生理基础。

（二）贴近生活实际

无论是知识的传授，还是技能的训练，都要立足生活。谢文东一直强调，语文即生活，在生活中学习语文，感悟生命，才能有效地发展语文学习能力，进而提高语文水平。学校是生活的重要舞台，教师要把这个舞台上发生的一些故事引入教学中，引导学生体味、感悟和理解。父母是孩子的第一任老师，学校应该充分利用家长这一教育资源，通过请家长来校、走访家庭或开家长座谈会等形式，让家长现身说法，言传身教。教师要打破传统教学的时间和空间界限,将学生带到现实生活中去看一看、闻一闻、找一找,让学生在社会实践中加深对社会的认识。

(三)倡导个性化教学

谢文东认为,人文化教学包括个性化学习的落实。比如,在教学 ie üe er 这三个汉语拼音时,谢文东采用了富有个性化的教学方法。"小朋友,今天,咱们班来了一位嘉宾,请看(出示 ie,认读),ie 想邀请我们到它的外婆家——最美的村庄做客。""这位是 ie 的表哥(出示 er)。我们一起打声招呼。""上周,学校发校服,ie 穿上校服后妈妈竟然不认识它了(出示 üe)。"个性化的教学,不仅调动了学生学习的积极性,而且加深了学生对生命的独特体验和理解,有利于培养学生良好的个性与健全的人格。

三、生活作文,促进学生的作文学习

针对小学作文教学存在费时多、效率低的问题,1992 年,谢文东以有物、有情、有序为核心开始了生活作文教学试验。生活作文教学的首要任务是培养学生言之有物的能力,即主要培养学生对生活的观察能力,鼓励他们"我口说我心,我手写我心"。

(一)联系生活,激发兴趣

苏霍姆林斯基说:"只有学生被丰富多彩的智力因素和需要的氛围所包围,当他们对待知识不是持消极的,而是持积极的态度的情况下,学习、认知活动才能给学生带来深深的快感、满足、激动和情绪上的振奋。"最让学生振奋的是他们感兴趣的事物。因此,教师应把作文与生活紧密联系起来,密切关注学生的生活经验,从学生已有的生活经验出发,选择学生感兴趣的事情作为作文情境,让学生在具体的情境中学习、体验和理解生活,使学生感受到作文与生活的联系——作文无处不在,生活处处有作文。

（二）亲近生活，探究知识

生活化的作文并不是简单的印象记录，而是参与、感悟、交往、实践、猜想、探索、归纳等活动的综合。教师要努力为学生创设生活情境，不断激发学生关于已有生活经验的记忆，使作文教学趋于生活化。教师可以通过讨论、探究、展示、评价等方式来组织作文教学活动，促使每个学生动脑、动口、动手，真正实现"我手写我心"。

（三）体验生活，培养能力

陶行知先生认为，"生活即教育，社会即学校"，并提出"教学做合一"的观点。这预示着生活化的教学需要突破"教室"这个狭义概念，将学习活动由教室拓展到家庭、社区乃至整个社会，让学生获得最大的满足与发展。生活化的课外活动既可以巩固和拓展学生在课堂上所学的知识，又可以培养学生的思维、实践和创新等能力，有助于将作文与生活紧密联系起来，让作文直接为生活服务。

（四）回归生活，拓展创新

在课堂上，教师既要想方设法激发学生的学习兴趣，又要给学生设置一定的悬疑，激发学生在课外去完成。这就要求学生将课内获得的知识应用于生活，并在实践中不断进行反省，从而获得更深刻的情感体验。这种情感体验不是外加的，而是学生自主获得的，它在学生的心里是根深蒂固的。这能使课内所学沉淀为学生本身的个性品质，使学生规范自己的言行，完善自我，从而使个体的生活得以升华。

以温暖似火的态度培育生命之花，以亲切如春的态度搭建育人平台，这是谢文东全力以赴的教学使命；呵护学生，热爱学生，这是谢文东身体力行的教学主张。所有这些，在日益浮躁的社会，都显得难能可贵。

第四章 儒雅与本土：创新素质教育

谢文东在注重传统文化的熏陶作用的同时，也关注本土文化的育人功能。他提出了儒雅教育的主张，并力求体现"新、实、活、和"。这是谢文东在素质教育上的创新。

第一节 儒雅与本土的含义、特点和意义

一、儒雅与本土的含义

（一）儒雅的含义

《荀子·荣辱》曰："君子安雅"，并注"正而有美德者谓之雅"，可见博学多才、温文尔雅自古就是人们追求的目标。[①]《现代汉语词典（第6版）》对"儒雅"一词的解释是学问精深或气度温文尔雅。其实，这两个解释也是互为因果关系的：只有学问精深，才能真正做到气度温文尔雅；而气度温文尔雅，则是学问精深的外在表现。可以说，儒雅就是行为儒雅、语言文雅、情趣高雅和襟怀恬静。

谢文东认为，儒雅教育是指通过以人为本的教育，以打造儒雅教师和儒雅学子为目标，培养具有外表优雅、内涵博雅、谈吐文雅、举止典雅、气质高雅的人，这就要求教师在课堂上实施具有新意、平实、活力、和谐

---

① 吴玲，张志鹏. 实施儒雅教育 营造儒雅校园[N]. 中国教育报，2013-3-1(6).

的有效性教学,学生在学习中体现具有创新、真实、活力、和谐的有效性学习,学校在文化上要营造儒雅、博雅、典雅、高雅的环境氛围。

(二) 本土的含义

《现代汉语词典(第6版)》对"本土"一词的解释是乡土或指殖民国家本国的领土,也指一个国家固有的领土。谢文东提到的"本土"指的是本土文化。本土文化就是指我们出生、成长的地方的地域特色及民俗风情、名人逸事、语言文化等。俗话说"一方水土养育一方人",本土文化凝聚了当地人民群众的智慧和汗水,体现了当地的血脉和灵魂。①

本土教育是指对本地文化重新进行阐释,使之对受教育者具有潜移默化的影响。对学生进行本土教育,能够影响他们对于本地的社会认知、道德发展和行为方式。

二、 儒雅与本土的特点

(一) 儒雅的特点

1. 渗透性

儒雅教育的渗透性是指在教育过程中教育者通过各种有效途径,将儒雅文化渗透到各种教育资源中去,使受教育者潜移默化地理解、认可儒雅文化的内容并转化为自己的理念,从而在实践中灵活运用的特性。实现儒雅教育的渗透性有两方面的要求:首先,要求教育者要有意识地创造有利于儒雅教育的校园景观,将教育内容渗透到各种教育环境和载体中去,让受教育者潜移默化地融入儒雅教育的过程中;其次,要求教育者积极地引导受教育者认可儒雅文化,努力使受教育者通过接受儒雅文化的熏陶和感染,自觉地将教育内容转化为自己的信念和情感。

---

① 贾曼丽. 加强本土文化教育 提高学生综合素质——以江门职业技术学院为例 [J]. 创新与创业教育. 2011,2(6).

2. 愉悦性

儒雅教育不是强制进行的，它主要是通过启发和引导的方式使受教育者产生情感的共鸣，主动自觉地接受儒雅文化的积极影响，并逐渐纠正先前的不良行为，从而深化对儒雅文化的理解和认识，并将其转化为自己的实际行为。儒雅教育通过潜移默化的作用获得受教育者的认可，使受教育者自愿地投身于这种教育活动中，从而获得情感上的愉悦，因此，这种教育不会使受教育者产生逆反心理。儒雅教育正是遵循了这一规律，让学生在愉快的情感体验中受到教育，更好地实现了教育的目的，收到了事半功倍的教育效果。

3. 持久性

儒雅教育的过程遵循人的思想和心理发展的一般规律，经历了由不知到知、由知之不多到知之甚多的量变积累过程。受教育者在知识的获取和选择上都是自觉和主动的，这种通过自身内化的理论知识能在受教育者的思想中长期保持下去，用以指导其今后的实践。这种教育方式讲究寓理于情，以情感人，使知识的传授真正做到入耳、入脑，使受教育者在潜移默化中受到启发，这样的教育效果必然更加持久。

(二) 本土的特点

1. 人文性

人文性是指在本土文化教育的过程中重视对学生进行人文教育，即挖掘本土文化中具有人文价值的东西进行教育。本土文化教育，就是要让学生在优秀的文化熏陶下成长，让优秀的本土文化对学生产生良好的影响。学生通过对本土文化的感受和理解，形成自己的文化品格和人格修养。

2. 可行性

本土文化是极为重要而难得的教育资源，将其引入基础教育中，不仅能够坚实社会文化的基础，而且能为基础教育提供取之不尽、用之不竭的资源。可行性主要体现在两方面：一方面，本土文化历史悠久，其影响不仅存在于社会的各个角落，而且渗入人们内心的最深处，对人们的思维模式和民族气质的形成都发挥着积极的作用；另一方面，它具有鲜明的生活

性、审美性、实践性和综合性等特点,易于激发学生浓厚的兴趣和想象,使他们乐于感悟和体验本土文化的精髓。

3. 传承性

优秀的本土文化是经过长期的积淀和筛选,在不断的改造和升华中形成的带有本土色彩的文化精髓,其本身具有传承性。这些优秀文化作为素质教育的重要资源,是前人馈赠给后人的值得开掘的宝贵遗产,是一笔不可估量的精神财富。利用这笔财富育人,不仅可以提高学生的文化素养,而且能够培养学生的文化创造能力,从而促进本土文化的不断发展。

三、儒雅与本土的意义

(一)儒雅的意义

1. 有利于良好道德品质的培养

良好道德品质的培养是教育工作的一项重要任务。我国传统文化蕴藏着丰富的德育资源,尤其是儒家文化,以其自身的生命智慧维护着中华民族精神生命的独立、绵延和发展。儒雅文化作为儒家文化的一个重要组成部分,具有得天独厚的德育价值。对学生进行德育,就是对儒家传统文化进行创新,从而挖掘出儒家道德教育的当代价值。让学生接受儒雅教育,将儒雅之风渗透到学生的生命中去,有利于其良好道德品质的培养。

2. 有利于正确价值观的树立

文化对人具有建构的作用,运用什么样的文化教育学生,学生就会具有什么样的价值观。中小学生正处于懵懂期、生长期,其人生观、价值观和审美观等思想认知体系尚未稳定,让学生接受儒雅文化教育,能够促进其儒雅价值观的确立。学生对儒雅价值观的内化不仅有助于其养成风度翩翩的儒雅之气,而且有利于促进其表现出更多现代社会普遍要求的行为。

3. 有利于克服不良外来文化的冲击

有学者指出,"要使一个国家或民族的学术文化通过交流与传播而获得发展还必须经历一个与本国、本民族文化相互接触、交融而实现本土化的过程","那种企图用外来文化取消代替中国固有文化的想法和做法,无异于丢弃自己所拥有的万贯遗产而去沿路行乞那样愚蠢,它只会为国家和民族文化的发展设置障碍,也不利于一个民族的民主意识与民族精神弘扬、民族自尊、民族自信心的确立"。[①] 在经济全球化的今天,外来文化的冲击是一把双刃剑,我们要提高辨别能力。儒雅教育注重吸收外来优秀文化的精髓,用外来文化的养分滋补身心,博采世界文化之长,扎实中华文化之根,培养学生开放的眼光和创新的思维,使优秀的中国传统文化和域外文化实现深层次的融合。

(二) 本土的意义

1. 促进对本土文化的认识和认同

在全球化、现代化的背景下,各种文化都发生了前所未有的碰撞和交融,并以其特有的形式浸润着我们的生活,影响着我们的青年一代。在这种色彩斑斓的文化背景下对学生进行本土文化的教育,能够帮助学生形成正确的文化认知,做出准确的文化判断。组织学生到街头巷尾进行实地考察等能让学生更加了解本土文化的内涵,加深学生对本土文化的关注和珍惜,促进其对本土文化的认同。这种认同不仅有利于促进本土文化的继承和发展,而且有利于本土人民的和睦相处。

2. 唤起爱国爱家的思想情怀

家乡是个人成长的热土,家乡的历史建筑、文化传统和名人才子对每个人来说都是具体可感的。对学生进行本土文化的教育,能让他们产生内心的归属感和认同感。教师要深入挖掘本土的文化资源,熟悉历史上灿若星辰的名人名士,并把这种资源融入素质教育中,让学生感受本土文化的博大精深,提高他们学习本土文化的兴趣,从而激发他们对家乡的热爱,进而唤起他们爱国爱家的情怀。

3. 顺应时代要求,弘扬民族文化

随着经济全球化的发展,各国文化正面临着趋同化的危机。正因如

[①] 鲁洁. 超越与创新 [M]. 北京:人民教育出版社,2001.

此，学校必须加强本土文化的教育，这是顺应时代发展的要求。本土文化教育能让学生认识自己脚下的土地，确认自己的文化特性，从而弘扬自己的民族文化。

第二节 儒雅教育：有效性教学的固守

谢文东自任"八小"校长以来，以学习儒家文化、弘扬儒学精神为主线，坚持儒学兴校、儒学育人的方针，提出"新、实、活、和"的儒雅教育，培养儒雅教师和儒雅学子。通过儒雅教育，一方面提高教师诲人不倦、儒而通达的教学意识和教学能力；另一方面培养学生学而不厌、雅而善思的学习风貌及腹有诗书气自华的文雅气质。儒雅教育的实施，给学校的素质教育注入了新意、活力与和谐，并取得了实效。

一、拔新领异，新的课堂

谢文东认为，儒雅课堂是新的课堂。"新"即新意、创新，新的课堂就是充满新意和创新意识的课堂。要使课堂充满新意，教师就要以新的教育方式和方法来启发学生的思维，积极鼓励学生质疑问难，使他们在相互讨论中验证自己的想法，使他们在充满新意和创新的课堂中形成求异的思维习惯。新的课堂既是将权利放归于学生的课堂，又是解放学生个体心灵的课堂，其最终的追求是使学生能在课堂中得到新的体验与成长，增加新的理解与认识。

（一）课前"四备"——预设新意

现代教学论认为，教师在遵循教学规律和教学原则的基础上，有意识地、科学地对教学的各方面进行预设，就能优化教学过程。

谢文东认为，课前"四备"是实现创新课堂的前提。这"四备"指的是备教材、备学情、备设计、备资料。

一是备教材。大凡成功的教学都与教师深刻地理解和恰当地处理教材有关。教师要备好课，实现教育创新，就必须认真钻研教材。教师通过研读教材，明确本学科的教学任务，真正弄懂教材的基本思想、基础知识、基本技能及编写意图，深入理解教材的精神实质、内在联系及广度深度，并把自己的思想感情和教材的科学性、思想性融为一体，确定全册的、单元的、课时的教学目标。

二是备学生。以学定教是提高教学效率的关键。苏联现代教学论专家斯卡纳金说："如果孩子没有学习愿望的话，我们的一切想法、方案、设想都将化为灰烬，变成木乃伊。"教师课前首先要了解学生是否具备学习新知识的准备知识，积极有利的要利用，缺陷不足的要弥补，教师备课时要根据学生的知识准备情况去分析教材中哪些知识对大部分学生而言可能是难点，该怎样帮他们突破难点；其次，学生在学习新课时可能有什么困难，有什么要求和希望，掌握这些情况对教师进行有针对性的教学是十分重要的；最后，教师要及时了解不同层次的学生的变化和进步情况，及时给予强化和引导。

三是备设计。设计是教师上课的一种方案，是"施工图纸"，教师依据对教材、学情的分析，选择行之有效的方法，以课时为单位设计具体的教学方案。

四是备资料。这里说的资料是指除教科书以外，那些有助于教学工作的各种教学参考资料。如与教材并行的教学参考书、各种教学报刊资料、特级教师教学经验汇编资料、教学专著资料，以及与教学有关的其他天文、地理、政治、历史、科技等图书资料。

（二）课中"两关注"——创造新意

"以学定教，顺学而导"是创新教学的基本策略。谢文东强调课中"两关注"：一要关注学生参与课堂学习的有效性，二要关注教师调控课堂教学的有效性。

1. 关注学生参与课堂学习的有效性

首先，教师要了解学生原有的知识和能力。学生是否能汲取到新的信

息与学生认知结构中已有的相关概念和经验有很大的关系，必要的知识和技能准备是学生积极参与学习的必要条件。其次，教师要引导学生动手操作。教学是师生的多边活动，而创新教学的关键是教师在教学过程中积极引导学生最大限度地参与，让学生动手操作、动眼观察、动脑思考、动口表达，因此，教师必须强化学生的参与意识，主动为学生参与教学创设条件。再次，教师要设置认知冲突提高学生的参与度。学生的参与欲望是一个不容忽视的因素，而认知冲突是学生学习动机的源泉，所以，教师在教学中要不断设置认知冲突，激发学生的参与欲望。最后，教师要面向全体学生，让每个学生都参与到学习活动中去。

2. 关注教师调控课堂教学的有效性

首先，教师要调节学生的注意力。如果学生在课堂上不能将注意力集中于学习的全过程，要提高课堂效率是不可能的，因此，教师要善于调节学生的注意力，调动学生学习的主动性。其次，教师要合理地把握课堂教学节奏。教师必须根据教学内容、教学环节的安排与学生的承受力合理地把握课堂教学节奏，做到起伏错落、张弛有度、流畅自然。

（三）课后"一反思"——回眸新意

波斯纳说过，没有反思的经验是狭窄的经验，只有经过反思的经验方能上升到一定的理论高度，并对后继教学行为产生影响。课后反思，亦称授课心得，顾名思义，就是教师教完一堂课后，对整个教学过程的设计与实施进行回顾和小结，将经验、教训和体会记录下来的过程。反思的内容主要包括教学过程中的亮点、败笔、偶得，以及学生学习中的"智慧之花""拦路虎""下次如何做"等。

二、务实去华，实的课堂

谢文东认为，儒雅课堂是实的课堂。"实"即扎实、充实和平实。首先，扎实是指教师的基本功要扎实，如果教师在上课时都不敢写板书，那么在一定程度上说明这位教师的基本功不够扎实；其次，充实是指课堂要讲效率，这就要求教师在一节课的时间里要把所要讲授的内容全部讲完；最后，平实是指常态课里讲求平实，不造作，这要求教师的常态课在备课时要务实去华显亮点，不夸张，不张扬。总之，扎实、充实和平实是对儒雅课堂中实的课堂的要求，体现了现代教师的素质。

（一）扎实的教学技能

教师的教学基本功是教师履行岗位职责、胜任教育工作、完成教书育人任务所必需的专业知识和技能。

1. 语言表达能力

语言是交流思想的工具，是教师向学生传播知识的载体和媒介。教师应该在吃透教材的基础上精心打造自己的口头语言表达方式，使自己的教学语言丰富多彩、准确严谨、条理清晰。

2. 板书设计水平

如今，虽然各种各样的现代教学手段纷纷"走进"教室，但黑板仍是教学的主要道具。教师板书要整体布局合理，正副板书有别，书写疏密有度，字迹工整简洁，笔画圆润潇洒，过程一气呵成。

3. 实验演示能力

课堂教学中的实验和演示，在现代教学中的地位和作用日益突出。教师在实验演示时要严格遵守程序，操控过程规范，动作干净利落，富有节奏美感。

总之，教学基本功不仅是教师综合素质和精神风貌的组成部分，也是连接教学内容、教学过程的一颗颗"铆钉"，更是构建真实、有效课堂的必备条件。

（二）充实的课堂内容

教育活动是人类生活的一部分，离开生活的教育是不存在的。因此，教师应该把教育渗透到学生的生活中，使教学返璞归真，同时要挖掘生活资源，使教学内容更加充实。学生只有在生活中不断地学习，在学习中更好地生活，才能获得知识的积累和能力的提升。

1. 创造性地利用教材

教材是教师进行教学、做好教书育人工作的具体依据,也是学生获得系统知识、提高学习素养的重要载体。因此,合理利用教材是提高教学实效的重要保证。要想充实教学内容,教师就要充分发挥自己的聪明才智,对教材进行再加工和创造。处理教材既要做到充分挖掘教材本身所蕴含的教育因素,把握教学的尺度,又要做到对教材中不合理的教学内容进行调整,使课程标准、教学内容与学生的实际情况有机结合,真正实现教材的合理利用。

2. 科学合理用好生活资源

陶行知说:"教育只有通过生活才能产生作用并真正成为教育。"日常生活中充满了丰富多彩的教育资源,凡是学生接触到的人、事、物、景,以及每天经历的衣、食、住、行,都是可利用而且应该利用的教育资源。教学只有扎根于生活这一片沃土,才能开花结果。教师只有充分挖掘生活资源,才能使教学更为充实。

(三)平实的教学过程

返璞归真是新课程对课堂回归本色的热切期待,守望简约就是使课堂教学平实自然的最佳途径。教师应该使自己的课堂简洁起来,去除一些华丽的外衣,扔掉那些为了展示理念而设计的包袱,立足平常课堂,回归教学的平实自然,让学生的心在宁静中感受到一种进步的力量,使学生得到真实有效的持续发展。

三、生气勃勃,活的课堂

谢文东认为,儒雅课堂是活的课堂。"活"即活力、活跃。儒雅课堂是一个朝着生命课堂进发的课堂,有活力,有氛围,这就要求教师要让学生思维活跃,让学习气氛活跃。校长应是一个校园氛围制造师,教师应是一个课堂氛围制造师。如果教师能够制造出让学生活跃起来的氛围,那就说明这位教师的素质比较高;如果教师在课堂里无法制造出一种浓厚的学习氛围,那就说明这位教师驾驭课堂的能力有所欠缺。

(一)制订活的教学目标

要使教学目标活起来,教师就必须要做到两点:一是变含糊的目标为明确的目标,且对不同的学生制订不同的教学目标;二是变静态的目标为动态的目标,使教学目标更符合学生发展的实际。一个活的目标,可以有效地引导学生去学习,去认知,去实践。

(二)选择活的教学内容

要使教学内容活起来,教师必须从单一的教材中走出来,学会运用多种媒介为教学注入新的内容,使教学像源源不断的水一样滋润学生的心灵。在教学内容的选择上应遵循应用性与趣味性相结合的原则,选择的内容既要符合学生的特点,又要保证学生学了能用得上;同时要坚持思考性与开放性相结合的原则,选择的内容既要有利于学生思考,又应有利于激发学生探究。

(三)组织活的教学过程

要使教学过程活起来,教师必须要充分发挥学生的主体性,引导学生自主地提出问题、探究问题和解决问题。学生是学习的主人,可以自由地体验学习的整个过程,并选择自己感兴趣的方法来解决学习中遇到的问题。

(四)采用活的教学评价

要使教学评价活起来,教师可以采用小组评价、班级评价、教师点评等评价方式。多种方式的评价可以调动学生的学习积极性,使课堂气氛更加活跃。评价方式变活了,学生的能力提升了,教学效果就会更好。

四、协调一致，和的课堂

谢文东认为，儒雅课堂是和的课堂。"和"即和谐、融合、协调一致。假如只是教师讲学生听，这是不和谐的；假如学生是左耳进右耳出，这也是不和谐的。和的课堂是指教师的教与学生的学要和谐，教师的体态与语言要和谐，教学安排的时间要和谐。

（一）教师的教与学生的学要和谐

1. 要以生为本

备课时要根据学生的知识能力和认知水平来确定教学的起点，并在恰当的起点上选择最优的教学方法，让学生在和谐的课堂中发展。

2. 要自愿自主

教要为学服务，但这种服务不是教师强加给学生的，而是学生根据自己的需要自愿选择的。教学的最终目的不是教师教得好不好，而是学生会不会学。处理好教与学的关系，就能更好地建构和谐的课堂。

（二）教师的体态与语言要和谐

教师的体态和语言是教学的重要组成部分，教学信息和知识的传递需要体态和语言的辅助来完成。和谐的体态和语言可以体现一位教师的人格修养、气质风度和整体素质，同时对发展学生的形象思维及听、说、读、写等能力都是必要的。和谐的体态要求教师端庄大方、精神饱满、可亲而不失严肃。在教学过程中，教师的教学语言是主要的，它的中心任务是抓住学生的注意力，传授知识，交流思想感情。和的课堂要求教师的体态与语言要和谐，只有这样才能够更生动地传授知识和交流情感。

（三）教学时间的安排要和谐

科学安排教学时间，一要处理好教师活动时间和学生活动时间的分配，二要处理好课堂教学时间和课堂管理时间的关系。教学时间要统筹兼顾,才能实现教学效益的最大化。

开展儒雅教育,既是对中华文化的传承和发扬,也是传统文化与现代文明的有机融合。"树儒雅之风,养浩然之气,做博学之人,成有用之才"是教育的不懈追求。让儒雅文化成为校园的主旋律,让儒雅气质成为学校师生的名片,是谢文东在教育中的目标。

第三节 本土教育:研究性学习的取向

早在1916年,杜威在《民主主义与教育》一书中就从理论上论证了科学探究的必要性,并以此为基础创立了问题教学法,强调学生自主探究学习。近年来,研究性学习方兴未艾。美国研究性学习主要以基于问题的学习和基于项目的学习为主,法国已经在初中和高中全面开展研究性学习,日本以综合活动课程的形式开展研究性学习,韩国的研究性学习将学生的学习内容分为知识和研究活动两个层次,德国开展课题学习,我国则把研究性学习作为新课程改革的主要内容。钟启泉认为,研究性学习是一种"问题解决学习",是一种跨学科的综合实践活动,是一种基于学习资源的开放式学习。[①] 在这种背景下,谢文东以本土文化为出发点,以课题研究为主题,在小学六年级成立了本土文化研究班,开展了"本土乐"活动,学生在教师和家长的指导下以类似科学研究的方式进行了研究性学习。在谢文东的力推下,本土文化研究班推出了"湛江红土文化之海韵文化""静听流年的声息""舌尖上的湛江"和"走进湛江节日文化"等成果。这既是学习上的一个创新,又是文化上的一个传承。

一、"湛江红土文化之海韵文化"——生活的特色

研究背景:按照中山大学黄伟宗、司徒尚纪在《中国珠江文化史》一

---

① 钟启泉. 研究性学习:"课程文化"的革命[J]. 教育研究,2003(5).

书中对海洋文化的解释,本土文化研究班提出了湛江海韵文化的研究课题。司徒尚纪在他的《中国南海海洋文化》一书中把南海海洋文化的特点归结为外向性、开放性、崇商性、冒险性、多元性和兼容性六个方面。由于湛江海韵文化属于南海海洋文化的范畴,秉承了以上六个特质,并且表现得更为深厚、丰富和浓烈,所以,长期受这种文化熏陶的湛江人具有勇敢、正义、进取、豪迈、宽容的品格,对建设文化强市、小康社会、和谐社会起到了重大作用。

探究方法:通过调查法、研讨法、文献法等方法让人们了解湛江浓厚的海韵文化。

主要内容:"湛江红土文化之海韵文化"以海韵文化为主题进行研究,分为八部分,分别是湛江简介、许爱周先生的海之缘、跳水文化、海鲜之都、海上龙舟、湛江八景、海港文化、敬海扬善。

探究意义:通过这次湛江海韵文化的研究,学生懂得了很多。一方面,他们学会了团队合作。这次团队合作,不仅让他们的友谊更为深厚,而且让他们知道了团结就是力量。另一方面,加深了他们对海韵文化的认识。通过这一次研究性学习,他们了解了丰富多彩的湛江海韵文化,更加热爱自己的家乡。

二、"静听流年的声息" ——古韵的回声

研究背景:湛江是一个美丽的沿海城市,湛江市赤坎区的建筑具有红色革命的历史,蕴含着浓厚的文化底蕴,具有传统的特色文化。

探究方法:通过调查问卷、实地调查、查阅资料等方法来研究湛江特色古建筑存在的意义和对古建筑保护维修的意义,从而确定湛江赤坎古建筑存在的意义。

主要内容:"静听流年的声息"以湛江特色古建筑为主题,分为三部分:第一部分是重返古建筑,倾诉旧时光;第二部分是参观与感想;第三部分是精彩回顾。

探究意义:通过本课题的研究性学习,一方面,师生们了解了湛江古

建筑承载的历史，增进了对家乡的认识，增强了对家乡的热爱之情；另一方面，锻炼了师生们查阅、搜集、整合资料的能力，加强了他们与人交往的能力和团结协作的能力。

三、"舌尖上的湛江"——美味的回味

研究背景：湛江的饮食文化如润物细无声的丝丝春雨渗入人们的生活，人们为别具一格的饮食文化感到自豪。通过对湛江美食的研究，深入地了解湛江的饮食文化，培养学生对家乡的热爱之情。

探究方法：通过搜集湛江本土美食的图片资料、实地走访调查、上网查找资料等方式了解本地的饮食文化，理解饮食文化的内涵。通过摄影等方式对湛江美食进行展示，让学生传承本土文化，让本土饮食文化浸润学生的心灵，丰富学生的情感，增强学生的自豪感。另外，还要鼓励学生进行大胆尝试，挖掘家乡具有特色的美食，撰写研究报告，并制作成小电影，以此来激励学生奋发向上、做事认真的态度。

主要内容："舌尖上的湛江"以湛江的美食为主题，分为七部分，分别是湛江饮食风俗的形成、湛江饮食特点、湛江饮食习惯、湛江风味食品介绍、湛江的饮食传说、湛江美食节一览表、湛江饮食指南。

探究意义：在研究性学习中，学生不仅增强了合作学习的意识，培养了团队精神，而且锻炼了沟通交流的能力，提高了发现问题和解决问题的能力。同时，学生对湛江的饮食文化也有了更加深入的了解。

四、"走进湛江节日文化"——风俗的惊艳

研究背景：雷州半岛历来是南北文化交流比较频繁的地方，中原文化与雷州本土文化在此相互激荡交融。南宋末年，因逃避战乱，几十万闽南的莆田人移居到现在的湛江地区，带来了闽南文化，丰富了雷州半岛的文化积淀。目前，小学生对湛江传统节日知之甚少，为了让学生了解传统节日的文化知识，增强学生对传统节日的认知和理解，进而认同传统节日、

喜爱传统节日，并让传统节日得到更好的发展和继承，我校组织学生对此进行研究性学习。

探究方法：通过文献研究法、调查研究法等方法了解各传统节日的起源、现状及习俗。

主要内容："走进湛江节日文化"以湛江特色节日为主题，分为两个部分，分别是关于湛江年例的调查研究、关于中秋东海人龙舞的调查研究。

探究意义：年例、人龙舞是本土特殊社会历史因素与地域自然条件的产物，它将群众娱乐、奉神等多种风俗融入其中，形成了独具一格的风俗人情。学生关于湛江节日文化的探究，旨在了解湛江的过去与现在，展望未来。最后，他们还向当地有关部门递交了调研报告，希望有关部门从中获得一些启示，进而保护好年例、人龙舞等非物质文化遗产。

第五章　继承与创新：彰显办学特色

　　谢文东认为，校园文化建设在于打造全方位的文化，努力营造多层次的氛围，实现全员参与、全员育人、共同建设文化校园的目的。在创建教育强市、教育强区思想的指导下，谢文东结合学校实际，依托学校丰富的文化资源，调动师生的积极性，全面提升，大胆创新，实施校园文化建设战略。在学校精神文化上，提炼出"勤、和、思、端"的教育精神；在学校环境文化上，打造出"六个一"工程；在学校活动文化上，推出新校本特色活动；在学校管理文化上，用赏识打造幸福的教师团队；在课程文化上，开发学校特色课程，彰显了鲜明的办学特色。

第一节　继承与创新的含义、特点和意义

　　费孝通曾经对"继承与创新"做过这样精辟的论述："创造不能没有传统，没有传统就没有了生命的基础；同样，传统也不能没有创造，因为传统失去了创造是要死的，只有不断的创造才能赋予传统以生命。"彰显办学特色，不能没有传统文化的继承，也不能没有教育事业的创新。

一、继承与创新的含义

（一）继承的含义

　　《现代汉语词典（第 6 版）》对"继承"一词有三种解释：一是指依法

承受（死者的遗产等），二是泛指把前人的作风、文化、知识等接受过来，三是指后人继续做前人遗留下来的事业。谢文东在担任"八小"的校长后，在继承学校优良作风、优秀文化的基础上，不断地丰富和发展其内涵。这里的"继承"，特指对传统文化的继承。

广义的文化是指人类创造的一切物质产品和精神产品的总和。狭义的文化专指语言、文学、艺术及一切意识形态在内的精神产品。文化是一个国家和民族的根，一个民族在与自然长期交往中，渐渐积累和积淀下来的物质的和精神的各种事物的总和就形成了传统文化。人们对传统文化的继承主要体现在对传统习俗、传统建筑、传统文艺及传统思想的继承上。中华民族文化源远流长，博大精深，我们要取其精华，去其糟粕，批判继承。文化的传承与教育密切相关，正是通过教育这种社会传递方式，人类的文明才能延续下去。谢文东历来重视对传统文化的继承与发展，他通过深入挖掘传统文化中的育人内涵，大力建设儒雅校园，进而营造充满文化味的校园氛围。

（二）创新的含义

在国外，第一次提出"创新"一词的是美籍奥地利经济学家熊彼特。他在1912年的著作《经济发展理论》中指出，创新是企业家实行对生产要素的新的结合。熊彼得的创新概念为西方社会带来了丰厚的经济利润，并由此激发了经济学家关于创新领域研究的动力。之后，有关创新的研究迅速崛起，其影响由经济领域逐渐渗透到教育领域。

教育领域的创新也叫教育创新，它是指对教育系统各要素进行调整或更新，以优化其各种功能的教育活动，主要包括对教育观念、教育体制、教育内容、教育方法、教育技术和教育模式的创新。当今世界各国国力的竞争是经济和科技实力的竞争，归根到底是人才的竞争。人才的培养在于教育，教育的生命在于创新。中共中央、国务院1999年6月颁布的《关于深化教育改革全面推进素质教育的决定》中强调，素质教育应"以培养学生的创新精神和实践能力为重点"，教育的改革与发展要求进行创新教育。所谓创新教育，是指依据社会主义现代化发展对人的要求，有目的地培养青少年学生的创新精神、创新能力和创新人格的教育。简言之，创新教育是旨在培养创新型人才的教育。

这里的创新教育与过去提出的创造教育不同，主要表现在三个方面。一是目的不同。创造教育主要是针对传统教育压抑儿童的个性、主动性、创造性而提出的，属于教育改革的问题；而创新教育则不限于教育改革的范畴，还要迎接知识经济的挑战，把创新教育纳入国家创新体系中，甚至把培养创新人才作为关乎民族、国家、社会主义制度的兴衰存亡的大事来抓。二是内容不同。创造教育重视创造技能的训练，而创新教育强调提高学生的整体素质，注重全面开发学生的潜能，全方位地培养学生的创新精神、创新能力和创新人格。三是任务不同。创造教育往往是面向少数天才学生实施的，而创新教育则面向全体学生，与提高民族素质相结合，其任务是提高全民族的创造力。[①] 谢文东在继承传统文化的基础上，坚持教育要面向现代化，面向世界，面向未来，结合学校实际，大胆创新，实施文化建校的战略。

二、继承与创新的特点

（一）继承的特点

1. 积淀性

积淀性是指人们继承的前人的东西是经过长时间积累和沉淀下来的。优秀的传统文化经过了长时间的积淀，是后人汲取前人智慧的宝贵财富。谢文东在深入研究学校的校风、教风、学风后，结合学校的优秀传统文化，将"八小精神"提炼为"勤、和、思、端"。学校精神是学校发展的灵魂，也是学校文化的积淀。

2. 价值性

价值性是指人们继承的前人的东西具有应用价值和审美价值。培根

[①] 郭文安. 试论创新教育及其特点 [J]. 中国教育学刊，2000（1）.

说："知识就是力量"，也就是说人的知识和力量是合二为一的。人们运用知识创造物质世界的过程，也是一个知识不断完善的过程。学校是学生不断求知进取的场所，要发挥这一作用，就要营造尊师重道的氛围。谢文东致力于儒雅校园的建设、儒雅教师的发展和儒雅学子的培养，很好地体现了文化在继承中的作用。

3. 发展性

发展性是指人们继承前人的作风、文化、知识等的同时，也担当着将其不断发展与完善的责任。继承是发展的前提，发展是继承的必然要求，我们要在继承的基础上发展，在发展的过程中继承。对于文化的态度，我们既要推陈出新，革故鼎新，又要取其精华，去其糟粕。谢文东在学校管理文化上，通过晨练的方式改变了学校以往点名式的考勤制度，为实现学校的人性化管理推进了一大步。

（二）创新的特点

1. 民主性

民主性是指创新教育要求有一个民主和谐的环境氛围。人的创新精神与创新能力，不完全是由先天因素决定的，后天的教育也具有重要的决定力量。师生之间的民主对于构建平等的师生关系、增进师生间的沟通与交流起着重要的作用。只有在师生间营造一种民主和谐的环境氛围，才能培养学生敢于质疑、敢于创新的精神。谢文东注重构建平等的师生关系，营造一个民主和谐的教育环境，让学生在亲切与温暖中幸福快乐地成长。

2. 开放性

开放性是指创新教育不局限于课堂、不束缚于教材、不限制于教师的教育活动，而是注重学生与社会的联系，进行大胆创新的教育活动。陶行知说："处处是创造之地，天天是创造之时，人人是创造之人。"人的创造每时每刻、每处每地都在产生着。谢文东认为，随着经济的迅速增长、科技的迅猛发展、文化的快速传播，教师的教育教学活动不应继续停留在书本知识上，而应引导学生运用所学的知识去理解、认识、解决具体的问题，鼓励学生突破课堂教学的限制，根据自己的兴趣爱好，通过课外阅读、课外实践活动来扩充知识，开阔视野，集思广益，重组经验，从而发挥创新的潜能。

3. 探究性

探究性是指创新教育鼓励学生积极主动地参与到教育教学活动中去探究问题。爱因斯坦说："提出一个问题往往比解决一个问题更为重要，因为解决一个问题也许只是一个数学上或实验上的技能问题，而提出新的问题、新的可能性，从新的角度看旧问题，却需要创造性的想象力，而且标志着科学的真正进步。"谢文东常常鼓励学生独立思考，积极探索，提出独到的见解，设想独特的做法，完成富有创意的作业。在探究问题中，扩充个人的知识面，培养探究的兴趣，形成创造性思考的能力，这对于创新精神的培养至关重要。

4. 特异性

特异性是指创新教育是在不断探究问题和改革现状中有所创造、有所前进的创造性活动，而不是简单模仿、照搬、套用的机械性活动。在教育中，这主要表现在对不同的学段年级及不同学生都不可机械单一地强求一致，以免扼杀个性。谢文东认为，教师要注重学生的创新意识、创新精神、创新能力与创新人格的培养，尊重学生的独到见解及独特做法。

三、继承与创新的意义

（一）继承的意义

1. 有利于提升学校的文化魅力

优秀传统文化的继承有利于增加一所学校的文化底蕴，进而提升学校的文化魅力。学校独特的文化魅力不仅能吸引人们对学校的关注，而且可以陶冶人们的心灵。"八小"在继承传统文化的基础上，形成了独具本校特色的亲切、温暖、儒雅、本土、创新风格，使得学校全体师生的综合素质有所提高。

2. 有利于弘扬优秀的传统文化

文化的软实力是我国制定文化战略和国家战略的重要参照，也是我国

建设和谐世界思想的重要组成部分。只有继承传统文化，才能增强我们的民族认同感、自信心和自豪感。传统文化中有很多值得我们继承与弘扬的美德，如勤俭节约、尊老爱幼、敬业奉献、感恩思源等。"八小"在"七彩雷锋日"中，每天以不同的主题来弘扬中华民族优良的美德，如周一的"爱心助人"，周六的"自信自强"，周日的"敬老孝亲"等。

（二）创新的意义

1. 有利于促进人的全面发展

创新的关键在于培养人才，人才的成长依靠教育。教育作为一种有目的地培养人的活动，能够给人一种全面的、系统的和深刻的影响，对人的发展起着决定性作用。传统的应试教育严重地抑制了学生的个性发展、扼杀了学生的创造性思维，使学生的身心得不到全面发展、个性得不到张扬。时代的发展要求学校为社会输送一大批有个性的、富有创造力的新型人才，而这是应试教育无法提供的。与此同时，个人的主体意识逐渐增强，他们反对压抑，渴望自由，呼唤创新。因此，创新教育是个人发展的需要，也是社会发展的必然趋势。加快教育改革，对个人的全面发展具有重要的意义。

2. 有利于创新型人才的培养

当前社会存在这样一种奇怪的现象：高校毕业生找不到工作，企事业单位又奇缺人才。埃德加·富尔在《学会生存》中提到"社会拒绝使用学校的毕业生"，教育与社会脱节已是一个不争的事实。要想解决这一问题，获得教育事业的持续发展，就必须进行创新教育。如同一个公司，要想在经济快速发展和知识日新月异的今天生存和发展下去，甚至脱颖而出，就需要公司的员工和领导不断提出新的点子和创意，为公司注入源源不断的新鲜血液，才能促进公司的持续发展。教育事业亦如此，只有不断地创新才能适应教育事业的发展，使教育事业永葆生机和活力。

3. 有利于社会的可持续发展

实施创新教育，加快知识的更新与创造，有利于知识经济的发展。这种知识经济是一种可持续发展的经济，自然资源的消耗和污染相对较小，是人与自然相互协调的经济，有利于促进社会的可持续发展。教育促进社会的可持续发展主要体现在对教育环境的创新上，学校把环境教育列为素质教育的一个重要内容，在中小学教材中加强环保知识的教育和研究，填补了过去环境教育的空白，有利于营造可持续发展的社会环境。另外，教育方法和教育模式的创新加强了对失业人员的再教育，有利于帮助他们实现再就业，进而维持社会稳定，促进社会可持续发展。

第二节 继承：提升学校文化魅力

学校精神是学校发展的魂魄，反映着学校的个性特色，引领学校持续、健康地发展。谢文东认为，尊师爱校、勤学守纪、团结向上、立志创新的校风，乐业、爱生、严谨、创新的教风及勤奋好学、灵活创新的学风是教育的根本所在，不可或缺。教育要"勤、和、思、端"，方能承前启后，日益增进。

一、勤：天道酬勤

勤者，天道酬勤也。"天道酬勤"中的"天"指上天；"道"指规律；"天道"即天意，引申为客观规律；"酬"指酬答、回报，可解释为实现志愿；"勤"指勤奋。这句话意指上天会酬报勤奋的人，付出的努力一定会有所回报。张衡说："人生在勤，不索何获？"韩愈说："业精于勤，荒于嬉；行成于思，毁于随。"爱迪生说："天才就是百分之九十九的汗水加百分之一的灵感。"一分耕耘一分收获，机会总是留给有准备的人。只要付出了足够的努力，就算没有看到直接的收益，将来也一定会得到相应的回报。

谢文东充分利用"天道酬勤"四个字来进行教育管理。"勤"要求全校师生做好两方面：一是勤学，学生要勤学以解决学业和身心发展的问题，教师也要勤学以解决专业发展问题；二是勤教，主要体现在教师要

"重三课",即比赛课、观摩课和研究课。

二、和：和而不同

和者,和而不同,和谐、和睦也。孔子曰:"君子和而不同,小人同而不和。"何晏的《论语集解》对此做出了解释:"君子心和,然其所见各异,故曰不同;小人所嗜好者同,然各争利,故曰不和。"就是说,君子内心所见略同,但其外在表现未必都一样;小人虽然嗜好相同,但因为各争私利,必然互起冲突。"和而不同"的"和"是和谐的、统一的,是抽象的、外在的;而"同"则是相同的、一致的,是具体的、内在的。"以和为贵"是中国文化的根本特征和基本价值取向,"君子和而不同"正是对"和"这一理念的具体阐发。和而不同追求内在的和谐统一,而不是表面上的相同和一致。今天,和而不同是人类共同生存的基本条件和基本法则。正如费孝通先生所言:"各美其美,美人之美,美美与共,天下大同。"谢文东通过收集不同的意见和声音,让大家各抒己见、畅所欲言,进而求同存异,最后达成和谐之共识。

三、思：多思多行

思者,学而不思则罔,思而不学则殆,多思多行也。孔子曰:"学而不思则罔,思而不学则殆。"意思是,只学习而不思考就会迷惘无所得,只思考而不学习就会疑惑。因而,我们要将学习与思辨结合起来,做到学以致用,否则就会收效甚微。多年来,谢文东一直坚持着多思多行。"多思"是指教育者,尤其是班主任,在教学中要多思考学生的学习、成长及家庭情况等,在活动中要多思考所举行活动的影响、价值、目的是否达到等。除此之外,还要做到前思后想,即在做之前多问几个"假如",在做之后多反思有什么收获。"多行"是指把自己的角色摆正后,就要立即付出行动。于丹说:"君子的力量永远是行动的力量,而不是语言的力量。"要培养儒雅学子,就要通过各种各样的教育实践来实现。

四、端：仁义礼智

端者，四端也，即恻隐之心，仁之端也；羞恶之心，义之端也；辞让之心，礼之端也；是非之心，智之端也。"四端"出自《孟子》。孟子认为，恻隐、羞恶、辞让、是非这四种情感是仁、义、礼、智的萌芽，而仁、义、礼、智即来自这四种情感，故称"四端"。在孟子看来，人有"四心"，"四心"既是人的个体心理活动特征，又是人类的一种共同特性——善性的根据。孟子以"四心"为仁、义、礼、智道德之端，故所谓性善者乃是仁、义、礼、智也。谢文东从这"四端"出发，对儒雅学子进行德育，通过"存心养心""明人伦"的途径培养学生做一个有道德、有气质、有气节，能实现独立的自我的人，进而实现"人皆可以为尧舜"的道德理想目标。

第三节　创新：打造学校诗意文化

一、美化校容，打造学校环境文化

针对校园环境的文化味不浓、育人功能不强的状况，谢文东提出了打造学校环境文化的主张。经过深入调查和分析，谢文东把打造学校环境文化的基调定在儒雅文化上，走"逐步推进，大小结合，资源挖掘，人人参与"之路。经过一年多的努力，这一举措初见成效，主要表现在大小环境上。大环境由学校统筹打造，小环境由班级自主打造。情因境而生，学因境而成。通过打造优美的校园环境文化，构建独特的班级文化，集人文性、科学性、趣味性为一体，让教师沉浸在浓厚的教书育人的氛围中，让学生健康快乐地成长。

（一）统筹规划，正确定位

谢文东认为，学校的自然环境应该发挥隐性教育的功能。经过调查研究，他把自然环境的建设定位在儒雅文化的基调上。"儒"即向内——博学多闻，修养身心；"雅"即向外——追求天人合一的人生境界，包括儒雅的形态、文雅的举止、高雅的情趣。全校师生经过一年多的努力，打造了独具特色的"校园八大景"，即八匙广场、幸福之家、孝道壁、三立园、六艺廊、文化墙、翰墨苑和本土文阁。校园的每个角落都蕴含着文化气息，使每个置身其中的人都感到心旷神怡。

（二）细心雕琢，突出特色

老子在《道德经》中讲道："天下之事，必作于细。"自然环境的打造亦如此。由于每一所学校的历史传统不同、发展模式不同，就决定了校园环境的建设不能只求统一，而是要根据自身的特点来打造。学校要制订一套完整的、详细的、可行的实施方案，将花草树木、绿地景点、室内外卫生等都细列出来，通过精心设计，搞好各项工作，建成独具特色的校园环境。谢文东提出，校园环境的建设要立足"儒"，突出"雅"，使一花一木、一墙一池都会说话，使师生浸润在充满特色的环境中，使师生的身心受到感染和熏陶。

（三）耳濡目染，润心启智

鲁迅先生说："要想造就天才，首先应该准备天才生长的土壤。"如果能在保证物质文化建设的基础上进一步修饰校园环境，就能更好地发挥环境的育人功能。例如，"八小"在校门口挂一个电子显示屏，播放学校各项教学活动的剪影，汇报近期活动的状况及师生参赛的获奖情况等；在校园内设宣传栏，展出儒学大师的教育理论和主张；在墙壁上刻字雕画，赋予墙壁一定的文化内涵，通过图文并茂的设计吸引学生的注意，让学生自觉接受儒雅文化的滋润和启迪。

二、推陈出新，打造学校活动文化

学校主要把"七彩雷锋日"活动、应节新意活动和校本特色活动作为学校活动文化的重点，一方面打造了具有特色的活动文化，另一方面既锻炼了学生的意志，又活跃了校园的气氛。

（一）"七彩雷锋日"活动

"七彩雷锋日"活动是学校开展的特色德育活动之一。该活动以3月5日的学雷锋纪念日为契机，营造"人人学雷锋，天天学雷锋，日日做好事"的氛围。"七彩雷锋日"从周一到周日，每天设置一个主题。周一是红色雷锋日，主题是爱心助人；周二是橙色雷锋日，主题是感恩思源；周三是黄色雷锋日，主题是自爱自律；周四是绿色雷锋日，主题是低碳环保；周五是青色雷锋日，主题是友好礼让；周六是蓝色雷锋日，主题是自信自强；周日是紫色雷锋日，主题是敬老孝亲。

谢文东认为，这一活动形式丰富多样，符合少年儿童的身心发展特性，各项活动有条不紊地开展并落到实处，充分调动了学生"学雷锋，树新风"的积极性，做到了人人参与、样样有效。

（二）应节新意活动

每逢传统节日，学校就组织既能丰富文化生活又具有新意的教育活动，即应节新意活动。开展丰富多彩的活动，既营造了传统节日的氛围，又弘扬了传统文化。

1. 以节日为契机，推陈出新

"六一"儿童节是学生特别期待的节日。谢文东认为，"六一"儿童节应该推陈出新，对学生进行传统文化的教育，营造充满诗意的环境。至今，学校已经成功举行了"唱经典童谣 做儒雅少年"庆"六一"歌咏比赛活动、"经典六月·诗礼童年"贺"六一"诗会活动。谢文东说，通过成功举行一个个推陈出新的活动来育人，是进行传统文化教育和培养儒雅

学子的最好办法。

2. 以学生为主体，自由发展

学校举办活动时注重以学生为主体，充分尊重学生，让其个性得到自由发展。比如，在"经典六月·诗礼童年"贺"六一"诗会中，有的学生朗诵了柔情满溢的《忆江南》，有的表演了儒雅大气的《唐诗古韵》，有的合唱了充满童真的《娃娃调》，有的独唱了豪放大气的《滚滚长江东逝水》。学生能歌善舞，能书能写，能说能唱，尽情地展现着他们的个性。

（三）校本特色活动

谢文东根据学校特点，开发出三大校本特色活动，即入学典礼、毕业典礼和进步之旅。这些活动各具特色，富有成效。

入学典礼主要是为学生搭建展现自我的平台，总结上学期的成绩，展望本学期的工作，寄语新学期新的开始。

毕业典礼旨在为未来喝彩，其核心思想是面向世界，面向未来，在梦想与现实之间保持平衡。

进步之旅的"旅"不在于旅行，而在于鼓励。用旅行来鼓励进步的学生，让他们再接再厉，争取更大的进步，让旅行变得更有质感，更有内涵，更有意义。

三、和谐人文，打造学校管理文化

在学校的管理文化建设方面，谢文东坚持以先进的管理思想为指导，以科学的管理制度为保障，以灵活的管理方法为手段，以人文化的管理过程为关键，先后确立了以人为本、以生为本的管理思想，紧紧围绕"幸福"主题来建设管理文化，并通过大力建设学校的管理文化，促进了教师幸福团队的发展，有效地营造了和谐的人文氛围。

（一）晨练，转变教师的考勤制度

教师考勤是对教师工作情况的考评，主要通过教师的出勤情况及工作状态来进行认定和管理。这种通过外力控制来管理教师的方式虽然在短期能够立竿见影，但不利于教师的发展和学校的管理。管理大师彼得·德鲁克说："员工是资产和资源，而不是成本和费用。"同样的道理，教师作为学校的宝贵资产，应该获得充分的尊重和理解。制订教师考勤制度，应该考虑规范与激励的有机结合，做到既能有效地约束教师的行为，使之符合教师管理的要求，又能关注教师的需要，充分调动教师工作的积极性。[①]

1. 管理上注重人文

管理要以人为本，以人为尺。现代学校管理应以人为中心来进行，管理者要充分考虑教师的需求，尊重教师的劳动和付出，体谅教师的艰辛和不易，充分认识和正确评价教师的作用，要避免使用强制性手段来限制教师的发展，应做到在生活上尽可能多地关心和体谅他们，思教师所思，急教师所急，使教师感受到学校对他们的关心。学校对教师进行情感投资，会让教师产生归宿感和幸福感。

2. 内容上增加暖意

如果教师迟到了，管理者不应仅仅关注迟到的次数，而应在第一时间了解教师无法按时出勤的原因。对那些确实有不得已苦衷的教师，管理者要给予适当的安慰和及时的帮助，变冷冰冰的责问为暖融融的慰问，让学校考勤工作变成促进教师和学校沟通的精神纽带。学校管理者要通过多渠道、多层次、多角度了解教师，弄清教师所面临的疑惑、困难、障碍及他们渴望得到的帮助，并将这些情况及时反馈给学校，以促进学校管理制度的建立和完善。

3. 形式上注入温暖

教师考勤不能只停留在冷冰冰的签名、刷卡和录像上，学校应为考勤方式注入温暖的情感。管理者要从细节入手，多给教师一些温馨的提示和亲切的问候，这样既有益于教师的身心健康，又能为多数教师所接受。比如，教师平日工作繁忙，很少有时间锻炼身体，谢文东就要求大家按时到校练太极拳，既可以活络筋骨，又可以增加交流。这是一个颇有创意的考

---

① 冯森. 教师考勤制度背后的教师管理理念探析 [J]. 教育与职业，2007（5）.

勤方式，很受教师欢迎。谢文东用健身的方式为考勤注入了暖流，使冰冷的考勤充满了暖意。

（二）赏识，打造幸福的教师团队

曾担任美国钢铁公司第一任总裁的查尔斯·夏布认为，促使人将自身能力发展到极限的最好办法，就是赞赏和鼓励……无论多么伟大或尊贵的人，都和平常人一样，在受到认可的情况下，比在遭受谴责的情况下，更能奋发工作。教师并非完人，他的成长同样需要得到别人的赏识。赏识对于教师来说是一种需要，一种鼓励，一种认可，一种谅解，一种关心。赏识能促进教师的成长，也能增加教师的幸福感。

1. 换位——尊重教师

人非圣贤，孰能无过。教师也是凡人，不可能事事做得完美。面对教师的不足，校长要学会换位思考，换位思考就是尊重教师。尊重既是人际交往的基本原则，也是学校管理工作的前提。校长要想赢得教师的尊重，首先必须尊重教师。尊重教师就是要尊重教师的尊严、劳动、合理需求和价值奉献等。校长要站在教师的角度去思考问题，知道教师所想，赏识教师所长，排除教师所忧，宽容教师之过，解决教师所难。

2. 挖掘——发现教师

主体对客体的不同看法会决定客体的存在价值。校长要做生活和工作的有心人，善于观察，乐于交流，富于表达，从而练就一双善于发现的眼睛，努力挖掘教师的闪光点，并为他们提供施展才华的平台。

3. 放权——信任教师

《孙子兵法》说："将能而君不御者胜。"意思是说，如果将领是有才能的，国君不要干涉他们的行动，保证其才能得到充分的发挥，只有这样才能获得战争的胜利。学校作为一个教育机构，事务纷繁复杂，校长作为管理者不可能面面俱到，这就要求校长要学会放权。校长应该重用两种人：一要选"明白人"，他能理解校长的观点，明白校长的想法，善于给校长提出建设性的建议，并能独当一面，甚至能创造性地完成所担任的工作；二要用"贴心人"，他愿意为学校、为校长出力，这样就可以减少不必要的内耗，减少校长的后顾之忧，提高工作效率。校长授权后要给予下属充分的信任，充分信任等于给下属一个平台，一种机会，让其有一个施展抱负的空间。

四、开放发展，打造学校课程文化

随着新课程改革的不断深入，谢文东把国家、地方及学校三级课程有机地结合起来，本着"立足本校实际，促进个性发展"的原则，加强了学校课程文化建设，打破了课内与课外、课本与生活的壁垒，大大促进了学生的个性发展。

（一）校本教材，开发学校特色课程

校本教材是指在校本课程开发理念的指引下，由学校教师及学科专家利用学校的教学资源自主编写或开发，满足学生个性发展的教材。校本教材形式多样，包括教科书、习题集、练习册、音像教材、教学软件、选修教材，以及供教学用的教学指导书、教学参考书和专为学生编选的补充读物等。谢文东一直很重视校本教材的开发，担任晨光小学校长时，他主编了《我们的策略园》《小故事新天地》《师爱心语》《童韵悠然》等校本教材；担任"八小"校长后，他又主编了《悠悠古埠赤坎情》《国之学》《数之乐》和《外之语》等校本教材。这套教材力求一个"新"字，即新的理念、新的起点、新的方式、新的内容，很好地体现了学校的精神。

1. 让漫画教活历史

漫画能够形象、简练地揭示事物的内部特点，使复杂的问题简单化。历史是枯燥的，为了让学生更好地接受这些枯燥的历史知识，"八小"校本教材中采用了漫画这种形式。比如，《悠悠古埠赤坎情》中穿插了一张张漫画，将寸金桥公园、南华广场等形象地呈现出来，使枯燥的历史顿时变得生动。这些漫画都出自学生之手，虽然稚嫩，但是活灵活现，别有一种情趣。

2. 让实践充实理论

对学生进行教育不能只停留在知识层面上，而应通过丰富多彩的活动让学生参与其中。谢文东认为，可以从"三个结合"进行，即把阅读与阅读后的行动结合起来、把教师的指导和亲子行动结合起来、把诵读比赛与读后感征文结合起来。只有这样才能打破学习的僵局，让学生在实践中得到启发，从而增强自身的认识与领悟。

3. 让正能量沐浴童心

一方水土孕育一方人杰，一方人杰造就一方水土。谢文东认为，把湛江这片非凡土地上的历史和英雄人物的故事讲出来，有利于树立学生正确的世界观、价值观和人生观。这种正能量悄无声息地释放着，沐浴着每一颗纯真的童心，帮助学生茁壮成长。

（二）校本教研，促进教师专业成长

没有教师的发展，就没有学生的发展。校本教研给教师的专业发展提供了有效的途径。谢文东认为，校本教研是一种以解决本校教学中面临的各种具体问题为目的，通过教师自己的研究、反思和调控，得出结论并将其直接应用到教学实践中的研究活动。他主要从课题研究、教学反思、教学模式三个方面促进校本教研。

1. 校本教研应立足教师自己的研究

以往的校本教研中，教师只能作为研究的配角，配合专业研究者进行研究。谢文东主持的校本教研以教师为研究主体，赋予教师研究的主动权，使他们对日常教学中所面临的具体问题进行研究，提出解决问题的基本设想，并创造性地完成研究。教师的研究不是为专业研究者提供某些研究证据，也不是简单地把教育理论按照程序用于实践，而是围绕着如何解决教学实际问题来展开，具有很强的实践性。教师通过研究提高了教学能力和研究水平，还能享受到创造出成果的喜悦，不断增强教学的自信心和责任感，有利于自身的成长。

2. 校本教研要让教师在反思中成长

教师的反思是校本教研的基本要求。波斯纳指出，如果教师仅仅满足

于获得经验而不对经验进行深入的思考,就只能永远停留在新手型教师的水平上。开展校本教研就必须大胆反思,把"在行动中反思"和"对行动进行反思"贯穿于校本教研的始终。教师的反思不是一般意义上的回顾,而是对问题进行反复、严肃、执着的思考,并对自己的认知加以激活、评判、验证和发展。

教师的反思分为两部分:自我反思和教学反思。自我反思是教师以自身为思考对象,对自己在教学中所持的教学理念、教育责任感、合作精神等进行审视和分析。教学反思是教师以教学活动为思考对象,对教学的各个具体环节进行反馈和调控。教师既可以从教学反思中随时提出要解决的问题,又可以从自我反思中挖掘出解决问题的方法。

3. 校本教研主张两种教学模式并进

教学模式主要分为教学研究式和教育会诊式两种。

教学研究式是校本教研的主要模式之一。这种模式的优势在于解决教育理论与实践脱节的问题,要求以反思为核心,坚持以教师为本的理念,让教师在困惑中成长、在实践中成熟。这种模式既可以是教师个人"单干",也可以小组"合伙",其形式灵活,教师掌握选题、计划和行动的权利,学校主要的任务是创造机制,建立教师"实践—反思—再实践"的智慧生成路径。

教育会诊式是校本教研的另一种模式,主要包括案例会诊和现场会诊两种形式。案例会诊是教师把自己在教学中感触较深的典型事例公开化,让大家在案例中找到自己、发现自己,共同研究解决方法,最后筛选出最佳的解决方案。这种方式可以通过积极的心理分析和深度反思,提出独到的见解或对他人的提问做出及时的回应,有效地借助集体的智慧,矫正个人的偏颇和不足。现场会诊则是通过听课、评课的方式,让教师对课堂进行剖析、批判、反省,获得一种内在的启迪和外在的激活,有利于弥合理论与实践的脱节,更好地提升教师的水平。

随着教育经验的不断积累，谢文东总结出教学生成、活动性德育和学习游戏三种主要的教育策略。这是其教育理念的重要支撑和具体实施方法，对教师和学校管理者有极大的参考价值。

下篇 教育策略

第六章　教学生成：把握生成，动态拓展

第七章　活动性德育：上善若水，厚德载物

第八章　学习游戏：教学有策，施教有方

第六章　教学生成：把握生成，动态拓展

随着新课程改革的不断推进与深入，生成性教学日益受到教育工作者的关注与重视。生成性教学与传统的预设性教学相比，不仅解放了学生的个性，更关注了学生的生命成长，培养了学生的创造力，提升了教师的教学机智。谢文东潜心钻研，大胆探索，从多年的教学实践中总结出富有特色的生成性教学策略。

第一节　生成性教学的基本内涵

重视生成性教学是新课程改革的要求。新课程改革下的生成性教学应该是师生之间、生生之间交往互动与共同发展的活动。谢文东在生成性教学实践中，逐渐形成了独特的见解和方法。

一、生成性教学的含义

生成性教学是在生成性思维模式下提出的一种教学方法，它重视教学活动的过程、关系，以及学生的个性、创造性等特点，旨在促进教学活动的创造生成过程。

（一）生成的含义

《现代汉语规范词典》将"生成"解释为产生、形成。"产生"就是出现，是从原来的事物中生长出新事物或新现象；"形成"则是经过发展变

化而成为。《教育大辞典》强调学习过程是学习者原有认知结构与从环境中接受的信息相互作用、主动建构信息意义的生成过程。

基于上述认识,谢文东认为,新课程理念下的教学赋予了"生成"特殊的含义:生成是指学生的知识观念、经验能力等在原有的基础上,经过建构和创生的过程,进而获得某种新的提升或发展。余文森指出,生成表现在课前,指的是教师的"空白"意识,给教学活动留下拓展、发挥的时空;表现在课堂上,指的是师生教学活动离开或超越了原有的思路和教案;表现在结果上,指的是学生获得了非预期的发展。① 也就是说,生成贯穿教学活动的始终,包括教师的课前备课与课堂教学。生成在课前备课中体现为,教师在预设教案时未能预设到全部教学可能性,因而,预设留有"空白"。生成在课堂教学中体现为,学生随时产生的一些不在教师预设之内的新奇、有趣的想法,成为教师的教学资源。生成作为课堂教学中出现的意外事件,是学生在与学生或教师对话、探究和交流的过程中产生的一种真实体验和反应,是一种稍纵即逝的、可供教师利用的宝贵资源。教师通过抓住课堂教学中有利的生成,将其转化为可用的资源,不仅能够激发学生的学习热情,也能够促进教学目标的顺利实现。

(二) 生成性教学的含义

新课程改革倡导生成性教学观,指出教学生成就是根据课堂学情变化,师生共同、即时接纳弹性、灵活、创新的成分和信息,采取积极的措施和有效的应对方法,及时调整教学目标、教学环节、教学方法,从而推动更高水平的互动,使课堂产生质变、飞跃的过程。

对于生成性教学的含义,众多学者有不同的理解。其中,美国约翰·尼莫教授指出,生成性教学是在师生互动过程中,教育者通过对学生的需要和感兴趣的事物的价值判断,不断调整活动,以促进学生更有效学习的教学发展过程,是一个师生共同建构对世界、对他人、对自己的态度和认识的动态过程。我国东北师范大学的陈旭远和杨宏丽认为,生成性教学是

---

① 余文森. 论教学中的预设与生成 [J]. 课程·教材·教法,2007 (5).

指在弹性预设的前提下，在教学的展开过程中由教师和学生根据不同的教学情境，共同建构教学活动的过程。① 在这里，第一，生成是过程中的生成；第二，生成的主体是由教师和学生共同组成的，生成不是教师一个人所能完成的，它需要教师和学生在交往互动中共同建构；第三，生成需要其他诸多因素的相互作用，它不是只有教师和学生两级主体就可以了，还需要生成的情境、相互传递的信息、师生及生生之间的情感等因素的积极配合才能实现。

尽管各位学者的观点表述得不太一样，但对生成性教学内涵的理解有着相通的地方。谢文东认为，生成性教学具有丰富的内涵，从学生认知发展的角度来看，它搭建了新旧知识之间沟通联系的桥梁；从学生能力发展的角度来看，它将学生从"不会"引向"会"；从学生思维发展的角度来看，它促进学生从感性认识向理性认识的飞跃。

教学中精彩的生成，是多方因素共同作用的结果，包括教师课前预设、教学环境等，其中教学机智最为重要。

二、生成性教学的特点

在推进素质教育，强调以学生为中心的教育背景下，充分利用课堂即时生成的教学资源进行教学，能够彰显学生学习的主体地位，对于培养和促进学生的健康发展十分重要。生成性教学强调教学的过程性，追求学生的生命成长和创造力发展，是一种开放的、互动的、多元的教学。它具有开放性、情境性、过程性和创造性等特点。

（一）开放性

开放性是生成性教学的基本特点。从人学的角度看，人是开放性的、生成性的存在，这在本质上决定了教学应当尊重人的主体地位，以促进人的发展为本位。生成性教学的本质决定了教学过程应该是一个开放的过

---

① 陈旭远，杨宏丽．论生成性教学［J］．福建教育，2004（7）．

程，只有开放才能实现生成、接纳生成。开放性首先基于人的开放性，人处在不断的生成发展中，不管是教师还是学生，他们的潜能与智慧都是不可预测的，他们在课堂上都具有发展自我的能力。生成性教学的开放性特点能够让学生发挥其积极性和创造性，在师生互动交往的过程中走向生成。其中，教师开放的心态和思维是实现生成性教学的必要前提，开放的课堂氛围是实现生成性教学的保证。

（二）情境性

情境性是生成性教学的重要特点。教学活动是在特定的教学情境中开展的，课堂生成是在每一个具体的教学情境中产生的。只有在每一个具体的教学情境中，通过教师、学生、教材和环境之间的相互作用，才能生成有效的课堂资源。生成性教学的情境性特点要求教师应精心创设情境，为促进教学生成提供铺垫。在课堂教学过程中，教师通过创设情境，巧妙地引导学生一步一步走入"圈套"，让学生在积极合作与思维碰撞中生成新的知识、新的体验和新的能力，让学生产生更多的疑惑和猜想、联想和想象，在互动中促进教学生成。

（三）过程性

过程性是实施生成性教学的重要基础。传统教学关注的是教学结果，也就是教学目标的达成状况和教学任务的完成情况。尽管传统教学也有教学过程，却由于过度重视教学预设目标的达成而将教学过程转变成呆板的机械程序。与传统教学相反，生成性教学更为关注教学的具体过程。它包含了两个方面的特性：第一，只有在课堂教学过程中，才能充分调动学生的既有知识与经验，不断闪现思维火花；第二，在课堂教学过程中，学生的自主性和积极性得以发挥，个性得到张扬与发展，学生的知识、情感和智能得到增长与培养。

（四）创造性

创造性是生成性教学的核心目标。柏格森在《创造进化论》中提出，对有意识的存在者来说，存在就是变易，变易就是成熟，成熟就是无限的自我创造。师生、生生的开放对话与多维交往，使生成性教学成为一个充满无限生机、富于变化的活动，这就要求教师善于发现、及时捕捉学生的"生成点"，为学生的创造性思维发展提供契机。

三、生成性教学的原则

生成性教学的基本理念是以生为本，以尊重学生独立的思维和自身独特的感悟体验为基本点，在倡导合作、探究的学习过程中引发生成。谢文东认为，教师在进行生成性教学的过程中，要遵循互动性、目标性、适时性和适度性等原则。

（一）互动性原则

课堂的生成资源是在教学过程的互动中形成的。这里的互动不仅指教师与学生之间的交流，还包括学生与学生之间的各种活动。在教学中，互动意味着人人参与、平等对话和合作性意义的建构。互动不仅是一种认识过程，更是新的知识、能力和生命动态生成的过程。教帅在生成性教学的过程中，要遵循互动性原则，努力与学生进行平等和谐的互动。对于学生而言，互动能够突出个性的表现，解放创造性的思维。对于教师而言，互动不仅是传授知识的单向过程，更是与学生一起分享、理解的过程。

（二）目标性原则

著名教育家布卢姆指出，有效教学始于准确地知道需要达到的教学目标是什么。生成性教学的目标性原则要求教师要随着课堂的动态生成，选择有利于实现教学目标的生成资源。对有利于教学目标达成的生成资源，教师要及时抓住，并展开相应的教学对话与互动，使教学目标的达成顺理成章。相反，对教学目标达成无效的生成资源，教师要快速地、恰当地处理，不要浪费时间，应将学生及时地引回到"正轨"上。

(三) 适时性原则

适时是指适合时宜，不早也不晚。适时意味着教师应当把握好促进课堂生成的时机，及时促进教学生成。提前的生成有牵强附会之嫌，滞后的生成又不能够引起学生的兴趣。生成性教学的适时性原则要求教师在教学过程中要熟练掌握教学节奏，及时抓住时机，恰当促进生成。

(四) 适度性原则

学生的思想丰富多样，甚至千奇百怪，这会不时给课堂教学制造突发问题。这些突发问题有可能包含着有利的生成资源，但也有可能毫无用处。这时，教师就应该遵循生成性教学的适度性原则，恰当、适度地处理学生提出的问题。如果教师对突发问题没有适度地处理，不仅会浪费教学时间，而且容易偏离教学目标，得不偿失。

第二节　生成性教学的主要价值

在新课程改革中，教学不再是封闭的、静止的、单一的知识传授过程，而是师生共同建构的、开放的、动态的、多元的对话过程。这种形式将导致课堂教学产生更多不确定性和生成性。生成性教学正是反映了新课程背景下课堂教学特征的教学方式，对推动新课程改革具有重要作用。

一、生成性教学的重要性

新课程强调学生、教师、文本与教学环境的相互作用，指出教学不仅要立足于当前，而且要预测未来，要充分尊重师生生命活动的多样性和教学环境的复杂性，把每次教学都视为不可重复的激情产生和智慧挑战。生成性教学作为一种以"把握生成，动态拓展"为理念的教学方式，符合新课程核心理念的要求，顺应教学方式改革的潮流。因此，新课程将重视生成作为核心理念之一。

(一) 生成性教学铸造生命课堂

传统教学把每节课的教学内容和教学步骤都十分具体地按照时间顺序分解在教案中,对课堂上讲什么、教学过程有几个环节、每个环节几分钟、抽几个学生回答问题等都进行了精心安排。这样的课堂教学就像是计算机输出已经设定好了的程序一般,机械化,沉闷呆滞,缺乏生气。

有生命的课堂教学离不开生成。如果课堂教学没有了生成,就会失去生命活力。钟启泉说:"课堂教学应该关注在生长、成长中的人的整个生命。对智慧没有挑战性的课堂教学是不具有生成性的,没有生命气息的课堂也不具有生成性。从生命的高度来看,每一节课都是不可重复的激情与智慧的综合生成过程。"生成性教学能够变死气沉沉的课堂为生气勃勃的课堂,还学生学习的乐趣。

(二) 生成性教学解放学生个性

苏霍姆林斯基说:"教育的目的就是使学生丰富多彩的个人世界展现出来,让每一个学生都成为与众不同的唯一。"学生在学习过程中的表达、体验、行为和思维等都有其明显的个性特点,而生成性教学能够充分体现新课程改革强调的"以人为本,促进学生有个性地全面发展"的精神。表面看似井然有序的传统教学,实际上扼杀了学生的独立思考能力和批判精神。生成性教学则突破了传统教学的这种困局,重视学生的个性发展,鼓励学生运用发散思维,注重培养学生思维的批判性、独立性和自主性。生成性教学的知识观承认个体对知识文化的构建和创造,从而为教学从单纯地强调知识的灌输和占有转变为关注学生个体的创造性和创造力的培养和发展。这样,教学就可能从传统的"去学生化"中解救出来,通过教学使学生"成人",即让学生成为具有完满个性、有建设能力个体的教学旨归可能得以实现。[1]

---

[1] 孟凡丽,程良宏.生成性教学:含义与价值[J].课程·教材·教法,2009 (1).

(三) 生成性教学培养学生创造力

人的行为具有不确定性，且只在某种情境下具有特定价值，这决定了教学过程不是一个按照程序机械实施的过程，而是一个活动变化的过程。生成性教学的核心是创造，其活动的、变化的和发展的教学过程为学生创造力的培养提供了一个良好环境。

(四) 生成性教学提升教师教学机智

从课堂教学过程本身来看，课堂教学有着与艺术活动"即兴创作"相似的特点，这就需要教师在课堂中要充分发挥自己的教学机智。何为教学机智？《教育大辞典》将其定义为，教师面临复杂教学情况时所表现的一种敏感、迅速、准确的判断能力。通俗地讲，教学机智就是教师在适当的时间、适当的地点，对适当的人做出适当的行为。生成性教学为课堂教学机智创设了一个良好的情境，为教师教学机智的提升提供了实习和展现基地。生成性教学要求教师敏锐地察觉教学情境的变化、学生的细微反应，并运用自我的全部智能来加以应对，最终达到提升教学机智的目的。

二、生成性教学的必要性

在大力推进素质教育、强调以学生为中心的教育背景下，重视课堂中师生之间的交流对话，充分利用课堂上即时生成的教学资源，巧妙运用生成性教学策略，具有重要的现实意义。

(一) 关注学生生命成长的需要

课堂教学应该促进学生的发展，彰显学生生命的自由。教学被视为一种人的生命活动，关注学生的生命成长是其最高的价值追求。但是，传统课堂教学由于过度强调教学程序的严谨性，以及教学内容的系统性和逻辑性，把师生本应该丰富多彩的生命活动局限在教科书中。生成性教学关注学生的生命成长，将学生的多项本能需求和精神生活需求作为其根本出发点和生长点。在课堂教学中，学生的生命活动形式是多种多样的，除认知以外，还包括体验、理解、感悟、探究、创造和内化等。生成性教学让学生通过参与多种多样的生命活动而得到全身心的发展。

（二）实现教学三维目标的需要

新课程改革提出的三维目标，与传统教学目标存在着本质的区别。传统教学目标的制订是基于传统的双基（基础知识、基本技能）教育而确立的。以知识为本的双基教育将学生视为承载知识的容器，忽略了学生是一个鲜活的个体，是一个活生生的人，也忽视了学生个体间的差异。新课程提出的包括知识与技能、过程与方法、情感态度与价值观的三维目标是一个有机的整体，而生成性教学有利于三维目标的实现。教师可以通过对课堂生成资源的适度开发和有效利用，将知识与技能、过程与方法、情感态度与价值观有机地渗透其中，促进三维目标的高效完成，使学生在学习过程中获得真正意义上的发展。

（三）提高教师教学能力的需要

新课程改革背景下的课堂教学，要求教师要学会观察，学会倾听，随时捕捉课堂生成的新信息，将有效的信息及时转化为教学资源，调整教学预设环节，进行生成性教学。这是对教师教学能力的挑战。教学能力是教师专业化水平的基本标志，是实践性知识和专业化素质长期整合的结果。生成性教学的开放性和非预期性特征对教师的教学能力提出了更高的要求，有利于教师教学能力的提高。

（四）提高教学有效性的需要

对有效教学活动的追求是教育永恒的话题。有效的教学活动是指教师遵循教学活动的客观规律，以尽可能少的时间、精力和物力投入，取得尽可能多的教学效果，从而实现特定的教学目标，满足社会和个人的教育价

值需求而组织实施的活动。① 传统教学活动的模式化和僵硬化导致学生的学习兴趣低下，最终导致教学活动的有效性低。生成性教学在很大程度上把握了教学活动的多样化、灵活化这一变革趋势，重视教学中学生学习的好奇心和兴趣的保护和培养。生成性教学的开放性特征促成了富有活力的教学课堂，使学生的发展成为一种活跃的状态，构成了丰富的教学资源，提高了教学的有效性。

第三节　生成性教学的实施技巧

叶澜教授指出，教师只要在思想上真正顾及了学生多方面的成长，顾及了生命活动的多面性和师生共同活动中多种组合和发展方式的可能，就能发现课堂教学具有生成性的特征。如何实施生成性教学？在长期的教学实践中，谢文东将生成性教学的实施总结为以下五个方面。

一、转变教学观念，课前精心预设

新课程理念强调，学生不仅是学习的主体，而且是教学的资源，是课堂生活的创造者。首先，教师要从观念上进行转变。马洛斯的需要层次理论指出，儿童具有与生俱来的获得认可与被人欣赏的需要。课堂正是彰显学生思维灵活性、活动积极性与能力水平的场所，学生渴望从中获得认可与被人欣赏。因此，教师应充分尊重学生的这一需要，创造条件让学生展示自我，这不仅能激发学生的学习热情，还能促进"生成点"的迸发。其次，教师要树立生成性教学观念。生成性教学是新课程理念实施下的必然结果，教师只有尊重学生的主体地位，树立生成性教学观，才有可能将原来封闭、僵化的教学转变成开放、活跃的教学。

课堂教学是预设和生成的统一体。教师带着预设走进课堂，在实现预

---

① 程红，张天宝. 论教学的有效性及其提高策略［J］. 中国教育学刊，1998（5）.

设的同时动态生成。传统的课堂教学仅突出预设的单方面作用,忽视教学生成的作用。生成性教学并不否定预设,而是在肯定精心预设的同时,积极倡导教学生成的地位,即生成性教学不是否认预设的必要性,而是强调更高水平的预设。总的说来,课前精心预设主要包括透彻的教材理解、弹性的教学目标预设和灵活的教学实施预设三个部分。

(一) 透彻的教材理解

透彻的教材理解,是指教师对教材要进行深入钻研,对教材内容要达到了解、内化的程度。教师要透彻地理解教材,就要从解读课程标准和教材两个方面着手。第一,教师要系统地、准确地把握课程标准的科学结构与逻辑体系,将课程标准与具体的教学实践相融合。第二,教师要能够从整体上认识教材,用联系的态度分析教材。在理解教材的基础上,明确教材的重难点,把握教材的关键,参考教学资料,弥补教材内容的不足。

(二) 弹性的教学目标预设

教学目标是教学的出发点和归宿。教学目标具有导向功能,明确了教学目标,学生就会在教学目标的引导下,主动去获取知识。预设的教学目标是教师根据课程标准、教材的要求和学生的实际,按照自己对教材的理解而制订的。在实际的课堂教学中有很多不确定、不可控的因素,尤其教学双方都是有意识的、鲜活的生命体,从而导致意料之外的教学效果产生,即生成性教学目标的产生。有时,生成性教学目标具有很大的教育价值,恰当运用可收到事半功倍的教学效果。

北京亮起来[①]

一位教师在《北京亮起来》的教学结尾时,根据教学目标"总结课文,体会北京夜之美"的预设提问:刚才,我们尽情地朗读了全文,细细欣赏了短片中北京的夜景,现在你想说些什么?学生纷纷举手发言,开始还很顺利,都围绕着"北京夜之美"作答,但有一位学生提出疑问:"老

---

① 谢文东."生成"让语文课堂更精彩[N].湛江日报,2011-12-13(8).

师,不是说现在国家能源紧张,要节约用电吗?我们这儿经常停电,大街上好多路灯都不亮了,北京为什么还是灯的海洋、光的世界?那不是浪费吗?"教师针对这一情况,抓住这一生成性因素,调整教学目标,增加小组讨论环节,要求思考"北京的夜晚是否太铺张了",围绕"'限电'与'北京亮起来'真的矛盾吗"进行思考并听取小组的意见,结果,学生的兴趣很浓。通过讨论,学生获得了课本以外的知识,懂得要养成节约用电的好习惯,知道城市亮化能给人带来方便,带来美好的享受,有的学生还决心长大后建一座最大的发电站,让中国亮起来。

在上述案例中,学生的提问出乎意料,教师紧紧抓住这一生成性资源,及时调整教学目标,既让学生达成了预设目标,又让学生学到了课外知识,事半功倍。在实际教学中,教师应摈弃牵着学生的"鼻子"走进教学目标的做法,建立一种教学目标弹性化的新型教学机制。预设是生成的基础,生成是预设的升华。制订教学目标既要重视预设,又要给学生留有充分想象的余地和自主构建的空间。生成性教学的关键在于具有教学生成的意识,把预设的教学目标弹性化。

(三) 灵活的教学实施预设

机械性教学设计的不足在于对教学做了单一而刚性的设定,且要求在教学过程中严格执行。雅斯贝尔斯在《什么是教育》中指出:"教学不能简化为固定的形式。"由于学生原有的知识结构、思维能力和实践经验等,导致教学过程充满了变数,教师不可能预设教学所有的细节。因此,教师在进行教学设计时,有必要使教学设计更灵活,这样才能留有空间让学生充分发挥自我,满足他们交流、表达的欲望,培养他们探索、研究的能力。

二、创设教学情境,激发学生兴趣

对于促进教学生成的作用而言,学生无疑扮演着十分重要的角色。而教学情境对于学生发挥自己的角色功能发挥着重要的作用。教学情境为新知识的获得提供模拟环境，使新知识处在一种"联系"的意义之中。此外，教学情境能够在课堂教学过程中营造一种特定的心理氛围，激发学生探究的兴趣与热情，有利于生成性教学资源的产生。

（一）创设问题情境

叶圣陶说："胸有境，入境始与亲。"创设特定的教学情境，有助于激发学生的学习兴趣。明代学者陈献章说："学贵有疑，小疑则小进，大疑则大进。疑者，觉悟之机也，一番觉悟，一番长进。"教师应创设具有挑战性、探究性的问题情境，使之紧扣学生的心弦，吸引学生的注意力，激活学生的思维，使他们积极参与教学活动，从而促进教学资源的有效生成。

推理与证明之演绎推理[①]

师（创设问题情境一）：判断下列推理是什么推理？

（多媒体展示。）

1. 摩擦双手能产生热，敲击石头能产生热，锤打铁块能产生热，因为摩擦双手、敲击石头、锤打铁块都是物质运动，所以物质运动能产生热。

2. 仿照鱼类的外形和在水中沉浮的原理，发明了潜水艇。

3. 根据平面向量基本定理得到空间向量基本定理。

4. 金、银、铜、铁等金属都能导电，所以一切金属都能导电。

5. 太阳系的大行星都以椭圆形轨道绕太阳运行，因为天王星是太阳系的大行星，所以天王星以椭圆形的轨道绕太阳运行。

生：1和4是归纳推理，2和3是类比推理。

师：那第5个呢？它是所学的归纳推理或类比推理吗？

生：不是。

师：第5个是什么推理呢？这种推理有怎样的特征呢？

[①] 丁艳. 创设情境，创造生成——一次反思预设教学经历［EB/OL］. http://www.pep.com.cn/gzsx/jsxz_1/jxyj/gzsxjscg/201008/t20100826_763355.htm. 有删改。

师（创设问题情境二）：再看下面几个推理。

（多媒体展示。）

1. 所有的金属都能导电，因为铜是金属，所以铜能导电。

2. 一切奇数都不能被2整除，因为$2^{100}+1$是奇数，所以$2^{100}+1$不能被2整除。

3. 三角函数都是周期函数，因为$y=\tan\alpha$是三角函数，所以$y=\tan\alpha$是周期函数。

4. 全等的三角形面积相等，若△ABC与$△A_1B_1C_1$全等，则△ABC与$△A_1B_1C_1$面积相等。

师：以上推理和刚才的第5个推理是否相同？相同的话，这种推理又有怎样的特征？

（学生很兴奋地展开讨论，教师在这里设置了一个问题。）

师：归纳推理和类比推理的基本特点（即推理形式）是什么？

生：归纳是由部分到整体、特殊到一般的推理，类比是特殊到特殊的推理。

师：那这里的几个推理有怎样的特征呢？

生：一般到特殊。

师：请举出例子。

生：所有的男性都长胡子，某某同学是男的，所以某某同学也长胡子。

生：正常的人都会说话，某某同学是正常的人，所以他会说话。

亚里士多德说："人的思想是从疑问开始的。"问题是思维的导火线，学生的学习也应从问题开始。上述案例中，教师创设了两个问题情境，所设置的问题引起了学生认识上的矛盾，促使他们积极地进行思考。《论语》中说："不愤不启，不悱不发。"当学生处于"愤悱"状态时，是创设问题情境的最好时机。教师正是抓住了学生积极思考问题与激烈讨论的契机，促进了演绎推理教学资源的生成。

（二）创设生活情境

陶行知说："生活即教育，没有生活做中心的教育是死教育。"教学总是产生于一定的现实生活背景中,只有使学生了解生活的真实意义,才能使他们在情感上产生认同、在探索上产生欲望。心理学研究表明,当学生学习的内容与熟悉的生活实际越贴近,他们自觉接纳知识的程度就越高。根据这一特点,教师应在一定的空间里创设学习新知的情境,为学生的发散思维、创造想象提供场景,促进教学生成性资源的产生。古罗马作家普鲁塔克认为,学生的心灵不是一个需要填满的罐子,而是一颗需要点燃的火种。要点燃学生心灵的火种,教师就要创设适宜(熟悉的、亲切的)学生学习的生活情境,这样,学生才能自然主动地参与到教学中来。在熟悉、亲切的生活情境中,学生真情流露,自由探究,教学的生成只是一个"引爆器"。

三、巧设教学问题,关注学生思维

课堂提问是课堂教学的重要组成部分,巧妙的问题设置是生成性教学必不可少的构成要素。尽管传统的教学问题设计得面面俱到、逻辑严密、环环相扣,但它忽视了学生的主观能动性,扼杀了学生的个性思维,是一根束缚学生思维的"绳子"。因此,生成性教学要求教师要在尊重学生个性特点、独特体验和思维认知的基础上,摒弃那些"对不对""有没有"等答案唯一的问题设计,用精心巧妙的问题促进学生思维发展、促使教学资源生成。

逐层分解[①]

某教师讲到了这样一道题:某初一学生做作业时,不慎打翻了墨水瓶,使一道作业题只能看到如下字样:"甲乙两地相距400千米,摩托车速度为45千米/时,运货车速度为35千米/时。"请按自己的理解将此题补充完整并解答。这是一道要求构造问题的开放题,解答的关键是结合题目可以看见的数据,根据实际情况构造问题。在这道题的解决中,这位教

[①] 王富强. 巧妙设计问题 提高课堂效益——浅谈初中数学课堂教学中的问题设计[J]. 吉林教育. 2010 (6). 有删改。

师并没有直接去讲解，而是设计了几个问题：(1) 同学们看见了哪些数据？(2) 我们如果将它设计成一个相遇问题那该如何补全？(3) 如果将它设计成一个追击问题那又该如何补全？随着教师的问题的提出，同学们展开了激烈的讨论。

这位教师很巧妙地将一个对于学生来说较难的问题分解成三个小问题。学生在三个小问题的引导下，展开了激烈的讨论，逐步走进问题的核心。教学实践证明，巧妙有效的提问是促进教学实现生成的重要方法之一。教师预设教学问题时，要充分考虑学生的思维特点与能力，使问题富有思考价值，这样才能为教学生成留有空间。

四、捕捉生成契机，鼓励学生质疑

善于捕捉生成契机，是实施生成性教学的关键。在课堂教学过程中，学生随时会灵光一闪，迸发出新奇有趣的想法，提出各种各样的问题。此时正是教师对教学预设进行调整、促成教学生成的好时机。教学生成具有即时性、易逝性的特点，需要教师机智灵活，发挥自己的灵性去捕捉教学生成的契机，引领学生全身心地投入到新知识的建构和创造的愉悦中去。学生的质疑意识是生成性教学的关键。在"愤悱"的情境中，学生探索求知的欲望与热情更容易被激发出来。学生越敢于质疑、乐于质疑，教学生成就越具有可能性。

小石潭记①

师（在翻译全文后）：这篇课文，你们觉得哪一段写得最好，好在哪里？

（学生纷纷发言，品析文章，说出自己的见解。）

生（忽然提问）：平时我们都说是一条鱼或是一尾鱼，这里却说"潭中鱼可百许头"。"头"的用法好像欠妥。

（教师抓住这一生成契机——学生思维的火花与质疑。）

---

① 曾芳萍. 抓住教学契机 有效促进生成 [J]. 语文学刊：基础教育版. 2010（12）. 有删改。

师：这里"头"是否属于量词误用呢？

生："头"本来是形容猪、牛等比较大的动物，用在这里，可见鱼很大。

师：这里的鱼在哪里游？

生：用"头"其实突出了潭的小。

（随着对问题的探究，学生对课文的理解也愈发深入。）

教师在翻译全文后，按照预设向学生提出问题。此时，一个学生对"头"的用法提出了质疑。教师并没有批评学生，而是抓住这一契机，与大家进行了探讨。最后，学生在探讨的过程中更加深刻地理解和把握了课文。学生提的问题或许不对，但这不妨碍成为思维的"磨刀石"。教师应鼓励学生大胆质疑，并利用质疑的契机促进教学生成。那么，如何抓住契机，促进教学生成？第一，对于学生提出的质疑，不能一概肯定或否定。教师要敏锐地判断学生的质疑是否对教学有促进作用。如果是有价值的质疑，应因势利导，将学生的质疑转化成有效的教学资源；相反，则应将学生的思路引回教学"正轨"。第二，对学生富有创意的信息，教师应有意识地加以引导，将信息转化成促进教学的有效资源。

五、营造民主氛围，优化教学评价

著名教育家赞科夫说："如果班级里能够创造一种推心置腹地交谈思想的气氛，孩子们就能把自己的各种印象和感受、怀疑和问题带到课堂上来，展开无拘无束的谈话，而教师以高度的机智引导并且参加到谈话里去，发表自己的意见，就可收到预期的教育效果。"德国教育家第斯多惠说："教学的艺术不在于传授本领，而在于激励、唤醒、鼓舞。"只有营造民主的课堂氛围，优化教师对学生的评价，学生对教师才没有畏惧之心，师生才有可能进行心灵对话，课堂才能不断产生随机的、动态的和精彩的生成性资源。

Lesson 9①

T: Before class, let's sing a song. The song's name is *One little finger*.（学生唱歌）

T: Now, class begins! Hello, everyone!

Ss: Hello, Miss Cai!

T: How are you today?

Ss: We're fine, thank you.

T: What's the weather like today?

Ss: It's fine.

T: A lovely day, isn't it? I have good news for you. We're going to visit the zoo. Are you happy?

Ss: Yes!

T: Today we'll learn a lesson about the zoo. Please tell me, which lesson shall we learn?

Ss: Lesson 9.

T: OK! Now, let's count from one to nine!（学生数数）

T: Well, who can tell me what you can find in the zoo?

Ss: Monkeys, tigers, hippos...

T: Oh, we'll see so many animals. That's great! Now, please look here. We'll meet many animal friends today. What's this?（出示动物头饰）

T: Do you have a monkey?

S: No, I don't.

T: Oh, Don't worry. This monkey is for you!（S1戴上头饰）

（以下lion, hippo, tiger, panda, elephant, dog, goat 同上。）

T: Now, we have so many animals, they are our best friends! But look there, there is another friend. She's waiting to meet us. Who's she?

---

① 蔡泓. 小学英语教学课堂实录 [EB/OL]. http://bbs.pep.com.cn/thread-293130-1-1.html. 有删改。

（指向长颈鹿玩偶）

  Ss：Changjinglu.

  T：Yes，it's a Changjinglu，but in English it's a giraffe. Now, please say after me！（学生跟读）

  T：Look there，I have a beautiful picture. What's this？（贴出长颈鹿图）

  Ss：Giraffe.

  T：Yes，but how to spell it？（出示单词卡）

  Ss：g—i—r—a—f—f—e.

  T：Let's sing a song，make a giraffe in the air.（师生同唱并拼写，教师指图）

  教师先是利用音乐、相互问候来营造和谐的教学氛围。在教学过程中，对于学生用中国式拼音的错误回答，教师不是使用否定性评价，而是用引导性评价，鼓励学生进一步思考。心理学研究表明，学生在自由、宽松、民主的教学中，更容易表现出乐意进取、乐意参与和情绪高亢的积极性。同样，教师积极的、正面的评价对学生的学习积极性起着重要作用。那么，如何进行有效评价，促进教学生成？有两种教学评价是教师应重视的。其一，激励性评价。激励性评价对营造和谐民主的教学氛围、激发学生积极的求知欲望起着十分重要的作用。其二，引导性评价。在教学过程中，有的学生的生成无法达到教师期望的效果，这时，教师应进行引导性评价，指引学生改进自己的生成，向教学目标所期待的方向发展。著名教育家斯塔佛尔比姆强调："评价不在于证明，而在于改进。"当学生在生成过程中产生偏差时，教师不应否定，而应引导，使学生正确生成。

第七章 活动性德育：上善若水，厚德载物

长期以来，道德教育都存在着说教空洞、脱离实际、言行不一、知行脱节等问题。为了克服这一不足，谢文东进行了积极的探索和改革，最后提出了活动性德育的教学策略。活动性德育教学策略主张德育应以活动为载体，以学生在活动中获得的直接经验为教学内容，由此淡化教育的痕迹，使道德教育如水一般润泽学生的心灵，陶冶学生的情操。

第一节 活动性德育的基本内涵

在新课程改革的背景下，谢文东深刻地意识到活动在德育中的重要性。结合学生身心发展需求，谢文东开始探索德育新途径，并试图通过活动这一载体来淡化说教痕迹，使道德教育对学生产生潜移默化的影响，使学生养成良好的行为习惯，形成良好的道德品质。

一、活动性德育的含义

就一般意义而言，活动是指人们为了某一种目的而采取的行动。马克思主义哲学认为，活动是人的本质显现，是人存在和发展的基本方式，是人为了满足自身的需求和目的不断改造客观世界的过程。本文将活动定义为教育者为达到一定的教育目的所组织的一系列教育活动，具体可表述为具有德育功能或意义的外部活动，或影响学生道德观念、道德行为、道德判断的外部活动。

活动性德育
上善若水，厚德载物 **第七章**

德育是教育者遵循一定的教育规律，采用有效的教育手段，通过内化和外化相结合的方式来发展和培养受教育者的思想、政治和道德等方面素养的活动。概括来说，德育就是促使受教育者个体品德形成的过程。以活动为载体可以使德育的内容更易于让学生接受，有利于加强德育的渗透力，扩大德育的知识面，从而提高德育效果。

活动性德育一般是指学校根据教育方针和德育目标，为学生提供有目的、有计划、有组织的系统的德育活动。朱小蔓教授认为，活动性德育是指从学生的需要和兴趣出发，以学校或学生自我组织的有计划的实践活动为中心，旨在进一步提高学生的道德认识和思维能力，丰富道德体验，锻炼意志，践履道德，促进道德行为习惯养成而设计的教育活动。①

二、活动性德育的特点

（一）实践性

马克思主义实践观给我们的启示是，实践活动是人发展的决定性因素。德育在本质上是实践的，只有通过实践，才能使受教育者切身体会到道德秩序的重要性，从而引发道德需求，激发道德学习的积极性和主动性，最终提高德育实效。活动性德育正是以学生的切身体验为出发点，注重学生的主体参与，通过行动来使德育的效果内化于学生的心灵，促使其形成良好的道德素养。

（二）情感性

适当的情感刺激对人的认知具有积极的作用，能够在一定程度上调整学生的行为。例如，当学生表现出符合道德规范的行为时，教师就要设法让他感受快乐的情绪体验，通过正强化的手段来巩固他的正确行为；反之，当学生表现出违反道德规范的行为时，教师就要设法让学生感受不快

---

① 朱小蔓. 中小学德育专题 [M]. 南京：南京师范大学出版社，2002.

乐的情绪体验，通过负强化的手段来减少学生的错误行为。活动性德育正是通过师生、生生对话及学生的自我对话和交流来加深学生对道德观念和道德规范的理解，并在此基础上获得积极的情绪体验。

（三）开放性

开放性是相对于封闭性而言的。它要求教师转变德育观念，改革德育方式，为德育注入新血液，使之与时代、社会、未来紧密衔接，增强德育实效。开放性要求教师加强学校德育与社会生活的联系，使德育走向社会。活动性德育主张通过活动来沟通校内外的生活，让学生在参与社会生活的同时，促进自身知、情、意、行的和谐发展和正确人生观、价值观的树立。

三、活动性德育的功能

活动是儿童生命成长的需要。德育应该以活动为载体，让学生在组织、参与各种活动的过程中收获道德知识，提高道德水平。活动性德育具有道德判断功能、自我教育功能、体验快乐功能和主体发挥功能。

（一）道德判断功能

道德判断功能，是指学生能够运用道德概念或道德知识对行为的是非、好坏和善恶进行评价。小学生正处于价值多元、文化意识形态多样的时代，各种价值观念及其文化意识形态相互碰撞、排斥和融合，支配学生行为的主要是其道德判断能力，学校的教育不可能完全预测和控制学生的思想和行为。谢文东认为，活动性德育可以通过开展形式多样的活动来培养学生正确的道德观念，将道德知识以实践的方式传授给学生，教会学生自主自律、明辨是非。

（二）自我教育功能

自我教育功能，是指学生具有通过一定的世界观和方法论认识主观世界和教育自己的能力。德育是教育者和受教育者共同参与的教育活动，是教育者的活动和受教育者的自我活动相统一的过程。学生对教师所提出的德育要求，并不是机械地全部予以接受，而是根据自己已有的思想知识水平及各种需要有选择地接受并逐步转化为品德意识，从而明确自己的道德判断准则，这个过程实际上是学生的自我教育过程。谢文东认为，活动性德育通过具体的道德情境的创设，为学生提供进行道德判断和自我教育的平台。活动性德育将教师教育与学生自我教育相结合，发展了学生的自主意识，激发了学生的自我教育需求。

（三）体验快乐功能

体验快乐功能，是指让学生从道德理想、道德信念的实现过程中感受到崇高与快乐，体验到幸福。它使学生对各种道德规范的遵从逐渐从他律变成自律，使他们不再把各种道德规范视为约束与限制，而将其视为自我肯定、自我发展的需要。谢文东认为，活动性德育以学生喜爱的游戏等活动形式为主，让学生在亲身体验中收获道德知识并体验快乐。

（四）主体发挥功能

主体发挥功能，是指在德育过程中应充分发挥学生的主体作用，使学生成为德育工作中一个重要的、与教师同等地位的特殊主体。在对学生进行德育时，教师要针对每个学生的个性制订不同的教育策略，在充分发挥学生个性的同时使他们受到教育，让学生为形成良好的思想品行而对自己提出要求和任务，自觉地转化思想、控制行为。谢文东认为，活动性德育以学生为主体，积极鼓励学生自己设计、策划、组织和参与各种活动。在这个过程中，学生既是活动的组织者，又是活动的参与者，极大地发挥了学生的主体性作用。

第二节 活动性德育的主要价值

德育是学生全面发展的教育的重要组成部分,也是学校教育的重要环节。传统德育方式存在着重灌输、轻体验,重规范、轻人格,重形式、轻内容的特点,已经不能满足时代发展的要求。活动性德育在目标上强调人文化,在内容上强调生活化,在方法上强调实践性,全面彰显了德育新理念。

一、活动性德育的重要性

活动性德育将学生对道德的认知巧妙地渗透在实践活动中,让学生在活动过程中学习道德知识、接受道德教育。

(一)创设道德情境,创造直接经验

道德行为往往发生在特定的情境中,它依赖于情境并在情境中接受检验。学生通过具体的道德情境参与实践活动,获得直接经验。道德的发展是一个通过广泛的经验得以成长的过程,它不是一种直接学习和条件反射的过程。因此,道德教育的努力方向应该是提供在某种环境条件下做出决策的经验。[①] 活动性德育通过真实道德情境的创设,引导学生参与到实际道德生活中去,让他们亲身体验,帮助他们增加感性认知,积累道德经验。

(二)克服枯燥无味,增添生动有趣

传统的德育方式往往把学生看成道德知识的接收器,忽视了学生的情

---

① 霍尔,戴维斯. 道德教育的理论与实践[M]. 陆有铨,魏贤超译. 杭州:浙江教育出版社,2003.

感和意志的体验，以至于德育课堂枯燥无味。活动性德育恰好克服了这点不足之处。它摈弃枯燥无味的说教，寓道德教育于活动中，让学生在生动形象的活动中不断将道德知识内化为道德原则，并通过活动树立正确的道德观。

（三）突出学生主体性，增强德育实效性

学生是德育的主体，应始终在德育过程中发挥能动性与创造性。活动性德育强调学生的主体性，鼓励学生组织并参与活动，使学生在活动中提高自我教育、自我约束、自我完善的能力。

二、活动性德育的意义

（一）有利于激发学生的学习动力

小学生身心发展的特点决定了他们的注意力极易分散。活动作为儿童非常喜欢的一种形式，能够激发他们的学习兴趣，调动他们的学习热情，让他们集中注意力，积极参与到教学活动中。活动性德育寓德育于活动中，可以对儿童进行渗透性德育，能够把外在的道德原则内化为行为准则。这种将抽象概念寓于具体活动中的教育，能够极大地减弱受教育者的逆反心理，并对其道德认识和行为产生潜移默化的影响。活动性德育为学生道德的培养提供一个"现场试验"的机会，使学生的主体性得到充分发挥，学习动力得到增强。

（二）有利于促进学生的自我教育

道德教育的最高境界是让学生进行自我认识和自我教育，即"慎独"，从而达到"无教之教"的至高境界。自我道德教育的要求之一就是让学生对自己的行为进行反思、改进和提高。教师应该在德育过程中安排恰当的活动，让学生在道德实践中获得反思、评价和学习的机会。活动性德育以活动为载体，让学生在广泛的社会实践中，清楚地意识到自己与社会需求

之间的差距，明白自身道德认知的不足，进而客观地认识和改善自我，使自己不断适应社会发展的需求，从而实现德育的目标。

（三）有利于培养学生的协作精神

活动性德育通过开展多种多样的符合教育目的和学生特点的活动来促进学生之间的相互交流与协作，使他们在完成学习任务的过程中加深对彼此的了解，增进彼此的感情，为互相协作打下坚实的基础。通过各种活动，学生一方面可以深切地感受到团体之间的协作应依赖于每个成员的努力，另一方面可以清楚地体会到只有成员之间的团结协作才可以保证每个人的利益最大化。如此一来，学生既可以充分地认识自己在团体中的地位、作用、权利和义务，也可以加深其对个人利益和团体利益的理解，从而做出正确的角色定位。

第三节　活动性德育的实施技巧

活动性德育以活动为载体，以提高学生的道德认识、丰富学生的道德情感、提高学生的道德判断、培养学生的道德意志等为目标。它的活动形式是多种多样的，包括晨会、班团队活动、体育活动、科技文化活动和社会实践活动等。其主要功能就是弥补"知而不行"的弊端，让学生在知与行的结合下获得道德的提高和和谐的发展。

一、关注学生主体，促成德育主动

马克思认为，人在认识和改造客观世界的过程中，自觉地发挥主观能动性，把自己当作活动的主人的时候，就成了活动的主体。传统德育对受教育者主体地位的忽视是德育失效的根本原因。学生是德育的主体，在德育中居于主体地位，发挥着主体性作用。教育者在开展德育活动时首先要有以学生为主体的意识，遵从学生的身心发展规律和特点，满足学生的内在需求，使学生在活动中主动地学习和感悟，促使德育由被动转为主动。

（一）发挥学生的主体作用

德育要取得实效，就必须让学生作为德育主体参与到道德体验中去。只有通过学生的亲身感受和体验，才能实现德育目标。传统的道德教育忽视了学生的主动参与，道德规范通常以命令的形式直接呈现给学生，不利于学生思想品德的养成。现代化教育要求教师充分发挥学生的主体作用，积极鼓励学生参与教学活动和社会实践，使德育由被动转向主动。德育活动的开展必须坚持以学生为主体，让他们自己确定活动主题，并独立完成活动任务。大量事实表明，学生的独立性、自信心和创造力的养成，都得益于自主活动。为此，教师要摒弃过去那种事必躬亲、包办代替的传统教育观，要充分相信学生，给每个学生机会，让他们在活动中主动地接受德育。

（二）满足学生的兴趣和需要

孔子曰："知之者不如好之者，好之者不如乐之者。"这句话明确地表达了只有"乐之"才能实现教育的最佳效果。有关资料表明，如果一个人对他从事的活动感兴趣，那么就能发挥出全部才能的80%～90%；反之，则只能发挥20%～30%。教师可以根据学生的兴趣成立兴趣小组，并通过小组活动对其进行引导。兴趣小组活动是指让学生在感兴趣的小组中充分发挥自己的特长和创造性，培养各领域的后备研究人才的活动。目前，"八小"共有20余个兴趣小组，分为学科类、实践类、科技类、艺术类及体育类等，各兴趣小组都遵循活动的特点，自觉地进行培训、讲座、竞赛、表演等，在活动中学，在乐中学，充分体现了学生的主体作用，提升了学生的群体意识、竞技意识、团队意识及拼搏意识。

二、加强社会实践，丰富德育内容

学生的良好道德品质是在社会实践中形成和发展的。让学生参与实

践,能够促使其道德判断从他律转向自律。实践性是德育活动的基本特征,实践是实施德育的根本途径。活动性德育要求教师做到知与行的统一,既要重视道德知识的学习,也要加强道德实践的锻炼,把提高认识和培养行为习惯结合起来。德育还应与社会生活联系起来,为学生提供一个"真实"的德育环境。学生在这样的环境中实践,才能更好地与社会进行积极的沟通与交流,进而最大限度地提升自己的道德认识,培养自己的道德品质。

(一) 回归社会生活

陶行知认为,没有生活做中心的教育是死教育,没有生活做中心的学校是死学校,没有生活做中心的书本是死书本。生活中蕴藏着丰富的德育资源,涉及是与非、善与恶、美与丑以及随之而来的乐观豁达和忧伤狭隘等。教师要密切关注学生的生活,将学生的所有交往领域都纳入教育视野中,从生活中获取德育资源。

传统的德育容易脱离学生的生活实际,单调无味的教育内容无法满足学生的心理需求和社会需要,存在"假、大、空"的现象。活动性德育要求教师必须从抽象化和空洞化的说教中走出来,引导学生走进生活,不断丰富德育内容。教师既要从学生的思想实际和社会实际出发,利用现实生活中的典型案例,引导学生共同探讨、共同学习,又要从学生所熟悉或关注的现实问题和热点问题的角度进行道德分析,进而让学生识别美与丑、善与恶。

"热土颂"主题班会

活动一:书画展示

由十几位同学依次展示自己的作品,作品内容是家乡的风貌,学生以简洁生动的语言介绍自己的创作意图、书画内容及其所蕴含的情感。

活动二:诗歌朗诵

由十几位学生朗诵赞美家乡、赞美红土的诗,其中多数是他们自己的作品,朗诵情真意切。

活动三：歌舞表演

学生尽情表演节目，舞蹈《傩风》展示了湛江悠久的傩风文化，方言剧《大城喜事》充满了乡土气息。

活动四：故事讲述

由四名同学讲述身边建设者的故事。

"热土颂"主题班会不但富有乡土特色，而且充满生活气息。通过活动，学生不仅加深了对家乡的理解，体会到家乡的美丽，而且激发了学生热爱乡土、愿为家乡贡献力量的思想感情。

（二）参加社会实践

何为社会实践？广义的社会实践活动是指相对于理论学习以外的各种社会活动或实践环节。狭义的社会实践活动是指被纳入学校教育计划第一课堂以外的各种实践活动或实践环节。社会实践活动是德育的补充，各类花样翻新、妙趣横生的活动会形成一种向心力，让全体学生都自愿地参与进来，积极主动地获取实践经验，培养优良的道德品质。

（三）建设实践基地

实践基地是学生认识社会的窗口，学生可以通过它来观察和了解社会，形成对社会的初步认识，为将来踏入社会打下坚实的基础。实践基地建设虽然规模不一，大的有农场，小的有菜园，但无论如何，都应创造性地把这些"环境"引入到德育体系中。值得注意的是，实践基地并不是越多越好，规模也不是越大越好，而是要讲求实效，能够满足学生和学校的要求即可。

德育的最高境界就是为学生创造最佳的"生长态"，选择适宜其发展的环境，并促使其在这个环境中积极进行实践。只有让学生尝尽实践的苦与乐，他们才会刻骨铭心、终生难忘，才有助于学生形成良好的道德品质。

三、整合各方力量，提高德育实效

由于历史原因和社会条件的制约，学校、家庭、社会三者的教育存在着脱节现象。车广吉等学者认为，当代青少年思想道德品质的形成和发展，不仅与学校德育有着直接的关系，而且与社会经济、政治、文化发展的现实状况以及家庭德育等因素有着至关重要的关系。① 谢文东认为，应把学校德育、家庭德育和社会德育三方面的力量结合起来，使它们在时空上实现密切衔接，目标上统一制订，功能上互补协调，从而形成德育合力，提高德育实效。

(一) 发挥学校德育的导向作用

学校德育是指学校教育者依据一定的社会要求和受教育者身心发展的规律和特点，把正确的思想、政治要求和道德规范，有目的、有计划、有组织地传递给学生，使之转化为他们的内在需要并外化为一定思想品德行为的教育活动。

学校德育作为教育系统的主体部分，在组织学生遵循德育规律、开展教育活动等方面具有很大的优势。整合德育力量首先要充分发挥学校德育的导向作用，准确定位学生德育的方向，科学选择学生德育的内容，有效开展学生德育的活动，并在此基础上加强与家庭、社区的联系，为学生营造一个良好的德育氛围。

(二) 重视家庭德育的基础作用

家庭德育是指学生的父母或其他家人按照社会发展的要求和个体身心发展的规律，有意识、有目的地在家庭中直接或间接地对孩子进行思想道德和心理健康的教育。

---

① 车广吉，丁艳辉，徐明. 论构建学校、家庭、社会教育一体化的德育体系——尤·布朗芬布伦纳发展生态学理论的启示 [J]. 东北师大学报（哲学社会科学版），2007（4）.

家庭是学生生活的第一环境，父母是孩子的第一任老师，良好的家庭教育可以引导孩子树立正确的人生观、道德观，帮助孩子获得成功。家庭德育是德育的基础，在学生成长和成才过程中发挥着不可替代的作用。因此，学校应通过家长会、家访等形式，使家庭德育与学校德育和谐发展，形成合力。在德育管理工作中，学校应多给家长提出建议，促进学习型家庭的构建，提倡家庭民主化，让家长尊重孩子的意见。这样做有利于进一步加强家长与孩子之间的沟通和交流，营造良好、和谐的家庭气氛。

（三）利用社区德育的依托作用

社区德育是指学校和家庭以外的其他社会教育组织利用社会各种载体和条件，对学生进行的思想、政治和道德等方面的教育活动。

苏霍姆林斯基说，"单单在儿童上学和回家的路途上，他们受的思想教育，就比在学校里待几个小时所受的教育都要强烈、鲜明得多"。一定区域的社会文化对人的影响具有生动形象、具体可感的特点，因此，学校要积极调动和综合开发社区的各种德育力量，扩大德育途径，高度重视社区的德育功能，提高社区德育实效。

以开展活动的形式来承载德育内容能够淡化说教的痕迹，增强学生德育学习的积极性和主动性。活动性德育充分利用了这一理念，通过开展丰富多彩的活动，让学生在不知不觉中接受德育的要求，无形中形成了自身的思想品德，养成了良好的行为习惯，从而更好地达成德育目标。

第八章 学习游戏：教学有策，施教有方

现代教育家陈鹤琴说："游戏是儿童的心理特征，游戏是儿童的工作，游戏是儿童的生命。"皮亚杰认为，游戏是儿童学习新事物，形成和提高知识技能，将思、行进行结合的方式，并且给儿童提供了巩固新的认知结构以及发展情感的机会。经过多年的教学实践，谢文东总结出学习游戏是激发学生学习兴趣的最佳方式。学生是学习的主人，教学应是一项激发学生学习兴趣的活动。

第一节 学习游戏的基本内涵

在新课程改革的背景下，谢文东深刻地认识到，让学生"在游戏中学，在学中游戏"对提升教学质量的重要作用。他结合自己对愉快教育和游戏教学的认识，对学习游戏进行了探索与实践。

一、学习游戏的含义

学习游戏是在游戏教学影响下产生的一种课堂教学活动。学习游戏符合现代教育的要求，有别于传统教学那种被动接受的教学方式。它给学生提供了一种愉悦、自由的学习环境，变被动学习为主动发现、积极探索。

（一）游戏的含义

游戏是生命活动的一种方式。要给"游戏"下定义，必须先了解游戏是一种什么性质的活动。事实上，这一问题早已引发众多哲学家、心理学家、教育家的思考与探讨，不同的游戏理论也都对此做出了自己的经典阐释。然而，由于游戏本身的复杂性、人们理解的角度及背景的多样性，迄今为止，仍然没有一种为大多数人普遍接受的解释。

《教育大辞典》对游戏一词所做的定义如下："游戏是适合幼儿年龄特点的一种有目的、有意识的，通过模仿和想象，反映周围现实生活的一种独特的社会性活动。"荷兰的文化史学家赫伊津哈则将游戏定义为一种自愿的活动或消遣，它在特定的时空里进行，遵照自由接受但绝对具有约束力的规则，游戏自有其目的，伴有紧张、欢乐的情感游戏的人具有明确不同于、平常生活的自我意识。[1] 尽管给游戏确定一种可行的、全面的含义是难以实现的，甚至是不可能的，但是，游戏对学生身心的健康发展，对培养他们的集体观念，发展其智力和创造力，仍然有着积极的作用。因此，马卡连柯指出，游戏在儿童生活中具有重要的意义，就像活动、工作和服务对人具有重要的意义一样。

游戏作为儿童生活的重要组成部分，不仅是儿童认识世界、改造世界的工具和手段，更是儿童的存在方式，即儿童是以游戏的形态认识和拥有世界的。教育是人类在很早以前发明的人与人之间的活动，其目的是为了集中传授和巩固各种社会文明成果。谢文东从游戏与教育关系的角度出发，视游戏为一种重要的教学资源，应当被教师所重视。

（二）学习游戏的含义

在希腊语中，游戏和教育的词根是相同的，都是指儿童的活动，这意味着教育和游戏二者的起源有着密不可分的关系。学习游戏是游戏的一个分支，与教育的关系更为紧密。

所谓学习游戏，是指教师有目的、有意识地开发创造游戏，通过游戏的形式让学生从中感悟、运用知识，从而帮助学生理解和掌握知识的一种

---

[1] 赫伊津哈. 游戏的人：文化中游戏成分的研究 [M]. 何道宽译. 广州：花城出版社, 2007.

教学活动。在教学活动中，培养学生良好的学习习惯、提高学生的学习兴趣至关重要。此外，学习游戏对促进学生学会学习、学会生存和学会合作有着重要意义。皮亚杰认为，儿童是在与周围环境相互作用的过程中，逐步建构起关于外部世界的知识，从而使自身的认知结构得到发展的。教师可以通过学习游戏促使学生与周围环境产生相互作用，促进他们认识外部世界。

二、学习游戏的特点

学习游戏从根本上改变了过去封闭式教学的沉闷局面，让学生参与到教学活动中来。学习游戏走进了课堂，将教师传授知识的单向活动变成了在教师指导下，学生主动参与、积极探索的双向过程；将重视传授知识的教学过程变成了激发学生求知欲、好奇心、创造精神，开发学生潜能的学习过程；将教师的角色从真理的代言人、至高无上的权威转变成民主、平等的指导者。小学生的年龄一般在6～12岁，这个年龄段的学习心理特点可概括为好奇、好玩、好动、好胜和爱受表扬。学习游戏具有趣味性、挑战性和体验性等特点，这不仅符合学生身心发展的规律，更体现了人性化的要求。

（一）趣味性

学习是一项复杂而艰苦的脑力劳动。如何将学生从枯燥无味的学习中解放出来，激发学生的学习兴趣，是目前教学改革的一个重要课题。学习游戏很好地融合了学习与游戏，让学生在学习过程中体验轻松与愉悦、民主与和谐。在这种氛围中，师生真诚交往，彼此接纳，在获得知识的同时也得到了生命的快乐。

（二）挑战性

学习游戏充满了挑战与竞争，也打破了课堂教学的枯燥乏味。在学习游戏中，挑战的元素被引进教学活动中，为学生有目的地学习与运用知识提供了有效的动力。心理学研究表明，学生的学习动机和对自己的挑战性期望是影响学生学业成就的因素之一。因此，教师应激发学生对学习的兴趣，让学生产生胜任各种挑战的期望。学习游戏的挑战性特点，使学生在游戏的过程中愿意接受并胜任挑战，这种愿望也是一种学习动力。

（三）体验性

体验是主体认识自身与外部世界的一种重要方式，它是个体生命最基本的行为，是主体高度自觉的行动。体验是主体与对象之间相互作用的过程，是通过外界活动引起主体的内心感觉的过程。在教学过程中，主体就是学生，而对象则包括教学内容、技能、情感和经验等。学生通过亲身体验才能更好地理解知识、把握技能、感受情感、积累经验。学习游戏为学生提供了不同的情境模拟活动，促使学生用自己的眼睛去看，用自己的耳朵去听，用自己的嘴去说，用自己的手去操作，激发了学生参与学习活动的热情。在教师精心创设的学习游戏中，学生能够以开放的心灵，全面地体验知识的运用、情感的变化，从而实现过程与方法目标、情感态度与价值观目标。

三、学习游戏的原则

（一）目的明确

学习游戏的目的不仅在于活跃课堂气氛，也要让学生获得知识。学习游戏必须与教学目标相结合，让游戏为实现教学目标服务。利用学习游戏激发学生的学习兴趣并不难，难处在于如何既使学生获得兴趣又达成教学目标。谢文东认为，开发和设计学习游戏时，教师要依据教学目标、教材内容，以及学生的年龄、心理特点与能力水平来展开。此外，学习游戏结束后，教师要及时稳定学生的兴奋情绪，客观地总结学习游戏得失，强化教学重点。

(二) 面向全体

新课程改革倡导教育要面向全体，体验参与。因此，教师在设计学习游戏时，要面向全体学生。学习游戏应当是"团体戏"，而不是少数学生参与的"独角戏"。学习游戏应该适合全体同学，发挥学生的合作精神。这样才能够培养学生的集体荣誉感，促进学生的团结协作。谢文东认为，在学习游戏的实施过程中，教师要发挥其组织能力，力求使学习游戏有条不紊地进行。

(三) 力求创新

创新是现代教育的重点。要培养具有创新精神的学生，首先要求教师应具有一定的创新意识与创新能力。在运用学习游戏策略时，教师要不断激发自己的创新能力。学习游戏的创新原则要求教师不断积累游戏素材，开发设计新的游戏内容和游戏形式。学习游戏必须新奇有趣，才能激发学生强烈的学习欲望，否则难以让学生保持长久的兴趣。平时教师应多积累游戏素材，不断整合、内化，且应结合教学目标设计出独特而有趣的学习游戏。

(四) 开发智能

在实施学习游戏的过程中，教师要坚持开发智能的原则。心理学研究表明，要开发学生的智能就要向学生提供丰富的交互情境，从多层面、多角度来激发学生的潜能。游戏就是一种包含丰富的刺激交互情境的活动。学生通过在游戏过程中使用视觉、听觉、感觉和触觉等感官，促进各项智能的发展。

第二节　学习游戏的主要价值

鲁迅先生说，游戏是儿童的天性。心理学研究也表明，游戏是孩子心理发展的重要阶段。通过游戏，儿童的语言表达能力、归纳概括能力、抽象思维能力、逻辑思维能力等都能够得到发展。学习游戏是教师在教学过程中将游戏的元素融入教育，以实现教育目标为游戏目标的一种特殊的游戏形式。学习游戏对提高学生的认知能力、思维能力和创造能力起着不可忽视的作用，具有重要的教育价值。

一、学习游戏的功能

著名教育家福禄贝尔高度评价了游戏的教育价值，他认为，游戏是创造性的自我活动和本能的自我教育。在教学体系中，学习游戏是一种将游戏元素融入学习过程的活动。它的特性在于不仅能让学生享受快乐，而且能获取知识；不仅能愉悦学生的精神，而且能促进教学的和谐。

（一）激发学生的学习动机

教育心理学研究表明，学习动机是激发个体开始学习活动、维持已进行的学习活动，并引导个体的学习活动朝向一定的学习目标的一种内部启动机制。学习动机是推动和维持学生学习的心理动因。学生的学习动机总是与学生满足自己的学习需要紧密相关，可以说，学习动机是学习需要的具体表现。

学习的主要动机是由认知内驱力、自我提高的内驱力和附属内驱力组成的。其中，认知内驱力是一种以获得知识和解决问题为学习目标的需要而引起的内驱力。学习游戏具有趣味性、互动性、竞争性和挑战性等特点，它能够引起学生极大的兴趣与关注，并通过提高学生认知内驱力的方式激发学生的学习动机。学习游戏为学生提供了一个愉悦的、与知识相融合的、充满好奇与问题解决情境的机会。在学习游戏中，当学生感到学习的知识与自己已有的认知结构有一定距离、产生一定的矛盾时，问题情境就产生了。问题情境是激发学生认知内驱力和学习期待，从而使学习处于活跃状态的必要条件，即学生的学习动机可以在进行学习游戏的过程中得以激发，学习热情也得以激活。

（二）提高学生的学习热情

学生的个体差异性在课堂教学中普遍存在，让每一个学生都获得充分的发展是教学的重要目标。学习游戏通过将教学任务转变为学生喜爱的游戏形式，提高了学生的学习热情，从而消除了学生对学习的恐惧。明代哲学家王阳明说："今教童子，必使其趋向鼓舞，中心喜悦，则其进自不能已。"

学习游戏是学生普遍喜爱的活动形式，它融游戏于学习中，将学习难度较大的知识转化为有趣的游戏，不仅降低了学习的难度，而且提高了学生学习的热情。此外，将所学知识运用于游戏活动中，能够深化学生对知识的理解和掌握程度。

（三）提升学生的思维水平

小学生认识事物是从感知开始的。他们通过直接感知事物、现象、图形等具体形象形成表象，再通过思维建立起对事物的科学概念。表象是从感知到思维的必要过渡环节。著名物理学家爱因斯坦说："想象力比知识更重要，因为知识是有限的，而想象力概括着世界上的一切，推动着进步，是知识进化的源泉。"心理学研究表明，在感知的基础上，有意识地帮助学生开展想象活动，能够促进学生思维的发展。

从本质上讲，学习游戏属于想象活动中的一种。学习游戏为学生提供大量的直观形象活动，使他们发挥各种感觉器官的作用。学生在学习游戏的过程中具体而形象地感知事物，从而对所学知识有较为清晰的认知。在进行学习游戏的过程中，学生容易从被动思考转为主动思考，使思维能力得到充分的锻炼和发展。

（四）培养学生的创新能力

创新是一个民族进步的灵魂，是一个国家兴旺发达的不竭动力。学习游戏实质上是教师和学生能动地创造、驾驭活动对象，并在此过程中获得自主性、能动性、创造性体验的活动。

学习游戏是一种创造性活动，学生的主体作用在其过程中能得到充分的体现。它是学生自主自愿参加的、通过自主创造掌握知识的基本活动。学习游戏为学生发挥创造性思维、展现和促进创新能力提供了机会与途径。在学习游戏过程中，学生能够保持高度集中的注意力和活跃的思维，并能产生强烈的求知欲望和创新意识。

（五）促进学生的身心健康

小学生正处于生理发育的关键期，课堂上的久坐和沉闷的课堂氛围不利于其身心发展。一般来说，学习游戏不仅要求学生激活思维能力，也要求学生运用自己的身体，做到身心并用。古罗马教育家昆体良认为，游戏对学生来说是一种很好的休息方式。在游戏的过程中，学生的实际参与和动手锻炼，能够有效地促进他们身体的协调、骨骼肌肉的发展、操作能力的提高。

二、学习游戏的重要性

德国当代哲学家伽达默尔对游戏进行过深刻的分析，他强调，游戏是人类的一种基本功能。美国实用主义教育家杜威也非常重视游戏活动在教学中的作用，他强调，儿童应该"从做中学""从经验中学"。如今，随着新课程改革的不断深入，游戏在课堂教学过程中的价值更加凸显出来。学习游戏作为一种教学方式，对于吸引学生的注意力、提高学生的学习兴趣、加深学生对知识的理解和创造愉悦的课堂氛围等方面都具有重要意义。

（一）吸引学生的学习注意力

注意是人意识状态中的一个非常重要的心理现象，是心理活动或意识对一定对象的指向与集中。学生注意力水平的高低直接影响着学习效果的好坏。乌申斯基说："注意是心灵的天窗，只有打开这扇天窗，才能让智慧的阳光洒满心田。"教育实践表明，小学生尤其是低年级学生的大脑神

经只能保持 15~20 分钟的持续紧张的注意。因此，教师必须在课堂教学过程中采取有效的方法吸引学生的注意力，才能让学生更好地感知和学习。学习游戏能够增加教学活动的趣味性，满足学生爱玩的特点，并在短时间内迅速吸引学生的注意力。

（二）提高学生的学习兴趣

学习兴趣是学习动机的外在表现。托尔斯泰说，成功的教学所需要的不是强制，而是激发学生的兴趣。著名特级教师于永正说："对于孩子的学习来说，第一是兴趣，第二是兴趣，第三还是兴趣。当孩子们趣味盎然地投入学习活动时，学习就变成了一种特殊的享受，变成一种精神的需要。"有了兴趣，学生的学习积极性和主动性才能提高，才能变被动学习为主动学习。心理学研究表明，任何知识的获得都是从无意注意开始的，要从无意识关注变成有目的的探究学习，需要兴趣的支持。学习游戏则为学生的学习与兴趣之间搭建了一座桥梁。学习游戏将知识融合在学生喜爱的游戏中，让学生在玩中学，在学中玩，在愉悦中获得知识。由此看来，学习对学生来说便不再是一件枯燥无味的苦差事，而是一件乐事。

（三）加深学生对知识的理解

心理学研究指出，小学生的逻辑思维与感性经验是紧密相连的，其思维的基本特点是从以具体形象思维为主逐步发展为以抽象思维为主。但是，这种思维在很大程度上仍然直接与感性经验相关。学习游戏是一种具体形象的活动，它通过生动形象的活动将抽象的知识传授给学生，有助于学生加深对抽象知识的理解。"纸上得来终觉浅，绝知此事要躬行。"学习游戏为学生将理论运用于实践提供了一个很好的途径。学生通过在学习游戏中运用知识，形成技能、技巧，还可以检验所学知识，使认识得到深化。华盛顿儿童博物馆有这样一句格言："我听见了就忘记了，我看见了就记住了，我做过了就理解了。"在学习游戏中，学生能通过自己动手和主动探究，理解和掌握学习重难点。在学习游戏过程中，教师要强调学习方法，让学生在玩中做，从做中学。教师也可以在学生进行游戏时，给予一些启发性指导，使难点不再难。

（四）创造愉悦的课堂氛围

尽管现今的课堂教学基本摆脱了过去那种极端的机械认知模式，强调教学认识的社会性、交往性，重视活动在课堂教学中的作用，却仍然无法摆脱封闭、沉闷的课堂氛围，不能真正使课堂教学展现应有的生机和活力。学习游戏让课堂教学以游戏的方式存在，重视学生的体验，强调让学生发挥自主性和能动性，这无疑为创造轻松愉悦的课堂氛围提供了重要保障。

第三节　学习游戏的实施技巧

学习游戏的目的主要是借游戏的愉悦性和活动性改变枯燥乏味的教学方式，消除学生生理与心理上的疲劳，使他们积极投身到学习中去。学习游戏的实施要吃透教材内容，明确教学目标；收集游戏素材，设计学习游戏；找准游戏时机，开展学习游戏；总结游戏内容，加深知识理解四个步骤。

一、吃透教材内容，明确教学目标

学习游戏是教师为更好、更快地实现教学目标而采用的一种教学手段。学习游戏必须紧扣教学目标，切忌脱离教学内容。叶圣陶说："教材只能作为教课的依据，要教得好，使学生受益，还要教师的善于运用。"教师要吃透教材内容，才能明确教学目标。

（一）研读课程标准

课程标准是国家课程的纲领性文件，它表明了国家对不同阶段的学生在知识与技能、过程与方法、情感态度与价值观等方面的基本要求。课程

标准详细规定了课程性质、教学目的等,为教师指明了教学方向,明确了师生在教学中的地位。研读课程标准是处理教材的基础。

那么,如何研读课程标准呢?第一,明确三维教学目标。三维教学目标分别指知识与技能、过程与方法、情感态度与价值观,三者要互相联系,不可顾此失彼。第二,明确课程理念。课程理念是教学行为的方向,有什么样的教学理念,就有什么样的教学行为。第三,明确教学原则。教师对教学原则的理解影响其对课程标准的解读与把握,进而影响教学质量和效率的提高。

(二)抓住教学重点

抓住教学重点,是教师吃透教材内容、明确教学目标的重要环节。学习游戏运用是否得当,很大程度上取决于教师对教学重点的把握。如果教师准确把握教学重点,据此来设计学习游戏,将有利于达成教学目标;反之,则会半途而废。

归类识字二《比一比》

教学重点:正确使用量词。

游戏道具:猫、牛、小鸟、鸭子、枣、苹果、桃和杏八个头饰。

游戏步骤:将一只猫和一头牛列为第一小组,一只鸟和一群鸭子列为第二小组,一颗枣和一只苹果列为第三小组,一个桃和一堆杏列为第四小组。将八个头饰分给班上四个身材比较高大的学生和四个身材比较矮小的学生,让学生一组一组地上台参与游戏,比一比谁多谁少、谁大谁小。

学习结果:学生通过学习游戏,懂得了大小、多少等词语的意思,同时顺利掌握了正确使用量词的方法。

柏拉图认为,游戏可以激发孩子的学习天性。学习游戏如果组织得恰当,往往能起到"一石激起千层浪"的效果。教师准确把握教学重点,并据此设计了一个"比一比"的游戏,取得了很好的教学效果。"比一比"学习游戏并非随意活动,而是根据归类识字二《比一比》的教学重点而设计的。学习游戏不能为游戏而游戏,而应该有针对性和目的性。谢文东认为,教师应将游戏作为达成教学目的、提高教学质量的策略,不能率性而为。

（三）把握教学难点

教学难点一般包含两层意思：其一，学生难以理解和掌握的教材内容；其二，学生容易出错或混淆的教材内容。有的内容比较抽象复杂，学生不易理解；有的内容涉及范围较广，学生难以把握；有的内容本质属性比较隐蔽，学生认识时有困难；等等。这种教师难教、学生难学的内容通常称为教学难点。简而言之，教学目标与学生的水平有较大落差，因此形成了教学难点。把握教学难点，是明确教学目标的基础，是实现教学目标的保证。

二、收集游戏素材，设计学习游戏

运用学习游戏应力求出新，以免学生失去参与游戏的热情，甚至感到厌倦。丰富的素材、精心的设计是一个好的学习游戏的基础。这要求教师一要注意平时多收集游戏素材，以备不时之用；二要开发学习游戏，以便教学之用。谢文东开发了扑克牌游戏以促进学生的学习。

（一）数学扑克牌游戏——"算 24 点"

主要形式：计算扑克牌的数字，以"24"为目标。

游戏规则：五六个学生一组，每人出一张扑克牌，然后将扑克牌上的数字通过各种形式的运算，算出结果为 24，算得最快的学生为胜者。

（二）语文扑克牌游戏——"找亲戚"

主要形式：拼音、组字和组词三种。以拼音扑克牌为例，它是将普通扑克牌上的数字变成了拼音中的声母、韵母而做成的扑克牌。

游戏规则：几个学生一组，各自抽取数张牌。其中一个学生先出声母的牌，剩下的学生出韵母的牌，声母和韵母必须能够组成一个完整的音节。拼音扑克牌学习游戏对低年级学生的拼音学习起了很大作用。每一节

课,教师都留出几分钟的时间让学生进行拼音扑克牌游戏。一段时间下来,学生对拼音的掌握水平有了很大程度的提高。组字和组词扑克牌的设计原理同拼音扑克牌一样,它们是谢文东在一般的组字、组词学习游戏的基础上进行创新、开发而设计出来的扑克牌。

谢文东开发设计的扑克牌学习游戏深受学生的喜爱,运用在教学上效果也比较明显。他认为,设计学习游戏要贴近生活,紧扣教学内容,力求让游戏对教学起到良好的促进作用。同时,设计学习游戏要不断推陈出新,给学生耳目一新的感觉,以激发他们的学习热情。

三、找准游戏时机,开展学习游戏

(一)课始运用

教育心理学研究表明,中小学生的有意注意持续时间比较短,他们无法长时间集中精神、保持学习状态。上课的前五分钟是学生的适应期,如果不能很好地度过这一适应期,他们就很有可能整堂课都处于消极状态。以学习游戏导入新课,可以帮助学生有效地集中注意力。

确定位置

教学背景:上课铃声已经响了很久,还是有一些同学无法进入学习状态。

游戏步骤:将全班学生分为八排六列,然后让 A、B 两名学生上讲台。将 A 生的双眼用眼罩蒙住,让 B 生将大红花随意藏在台下某一名学生的抽屉中。帮 A 生拿掉眼罩,让他去找大红花藏在了哪里,全班同学齐拍掌,以掌声大小提示方向。当 A 生一桌一桌挨着找没找到时,教师就请 B 生给 A 生提示在第 X 排。A 生顺着第 X 排挨着找了三桌没找到时,教师又请 B 生给 A 生提示在第 Y 列。当 A 生顺着第 X 排、第 Y 列一下找到了大红花时,教室里响起了热烈的掌声。在这一刻,教师趁机抛出问题:同学们,为什么 A 同学之前花了很长时间都没找到,而 B 同学告诉他在 X 排 Y 列时他却一下子就找到了呢?这就是我们今天要探究的内容——确定位置。

学习结果：学生的学习热情被激发，趣味盎然地投入到学习中。

良好的开端是成功的一半。上课伊始，教师巧妙利用学习游戏，一方面引起了学生的好奇心，使他们从课间的兴奋状态进入上课的紧张状态；另一方面，引起了学生的注意力，顺利引出本次教学内容。教师在课前运用学习游戏，从玩入手，以玩导学，不仅能唤起学生积极的学习情绪，更能唤起学生强烈的学习欲望，使教学效率大大提高。

（二）课中运用

课中运用学习游戏的主要目的是突破教学难点。教学难点是学生较难达成的学习目标，学生对此往往存在畏惧心理，这就需要教师帮助学生克服困难。这时，最好的方式就是学习游戏。学习游戏不仅可以调节教学节奏，活跃课堂气氛，更能消除学生的消极心理，促进学生达成学习目标。

中国的行政区划

教学目标：记忆三十四个省级行政区的相对位置。

游戏形式：拼图竞赛。

游戏步骤：学生利用拼图教具，每两个人一小组，全班学生共分为四个大组。要求小组学生快速将各省级行政区的相对位置完整正确地拼接出来。最后评选出最佳表现小组和最佳表现大组。

学习结果：经过一轮游戏以后，学生对三十四个省级行政区的相对位置掌握得十分牢固。

教师将教学难点转变为拼图竞赛，由讲授变成游戏，通过让学生亲身参与，帮助学生快速高效地记忆三十四个省级行政区的相对位置。学习游戏不仅缓和了紧张的课堂气氛，更能够分散难点内容的教学密度，降低难点内容的学习难度，有效地消除学生对难点内容学习的恐惧心理，较好地完成了教学任务。

（三）课尾运用

经过紧张的学习，一节课已经接近尾声，巩固所学、强化所知是这时

学生的主要学习任务。此时，如果让学生以学习游戏的方式进行，可以使原本枯燥的练习变得趣味十足，学生渐渐涣散的注意力也能重新集中起来。

"现在进行时"句型的教学

教学内容："现在进行时"的句型教学。

游戏方式：大家来造句。

游戏步骤：首先，将全班学生分成三个大组，每组每人发一张白纸。接着，第一组学生在纸上写名词或人物名称，如 a dog、two boys、Tom 等；第二组学生写现在分词，如 going、having、sitting 等；第三组学生写上地点，如 in the classroom、under the chair 等。之后，每一组推选几个学生上讲台写出所写的词，让学生造句子。

学习结果：一些学生对知识掌握得不够深入，常出现语法错误，通过参加游戏，大都改正了错误，加深了对语法的掌握。

在教学行将结束时，教师发现学生的注意力越来越难以集中，于是决定以游戏的方式结束教学，效果特别好。爱玩是孩子的天性，游戏对学生具有很大的吸引力。教师寓教于乐，所获得的效果往往比单纯的教学效果好得多。

四、总结游戏内容，加深知识理解

学习游戏结束后，教师应该及时总结教学内容，以便巩固学生所学。我们知道，学习游戏的主要目的不只是放松、嬉闹，而是为了促进学生理解知识、掌握技能。如果教师只是单纯地让学生进行游戏，而忽视教学内容，就违背了设计学习游戏的初衷，无法达成教学目标。

贴鼻子

教学目标：认识 up, down, right, left 等方位词。

游戏内容：首先，在黑板上画一张缺鼻子的脸。然后，请一个学生走到黑板前，用布蒙上他的眼睛，让他贴出鼻子。台下的同学用 up, down, right, left 这四个词汇告诉他该怎么做。随着鼻子位置的变化，学生们调整指令。在大家的共同努力下，贴鼻子的学生终于找到了正确的位置。接着，教师要抓紧时机对学生进行知识的巩固与练习。

教师在学习游戏结束后，可以通过小结帮助学生梳理知识，将学生在学习游戏中获得的零散知识进行整理，形成系统的知识网络。一方面，一部分学生对单词的掌握并不深入，经过总结，能有较好的提高；另一方面，学生只有在教师总结后，才能跳出游戏，将注意力重新聚焦在学习活动中。

西南师范大学出版社
《名师工程》系列丛书目录

系列	序号	书　名	主编	定价
名师密码系列	1	《教育需要播种温暖——谢文东与儒雅教育》	余　香　陈柔羽　王林发	28.00
	2	《为了未来设计教育——梁哲与探究教育》	冼柳欣　肖东阳　王林发	28.00
	3	《真心是教育的底色——谭永焕与真心教育》	谭永焕　温静瑶　王林发	28.00
	4	《做超越自我的教师——刘海涛与创新教育》	王林发　陈晓凤　欧诗停	28.00
	5	《打造灵动的教育场——张旭与情感教育》	范雪贞　邹小丽　王林发	28.00
高效课堂系列	6	《让数学课堂更高效——教研员眼中的教学得失》	朱志明	30.00
	7	《从教会到教慧——小学生数学学习能力的培养艺术》	滕　云	30.00
	8	《用什么提高课堂效率——有效数学课必须关注的10大要素》	赵红婷	30.00
	9	《让作文更轻松——小学作文高效教学36锦囊》	李素环	30.00
	10	《让研究性学习更高效——研究性学习施教指导策略》	欧阳仁宣	30.00
	11	《让母语融入学生心灵——提升学生语文素养的高效施教艺术》	黄桂林	30.00
创新课堂系列	12	《小学语文"三环节"阅读教学法——自学、读讲、实践》	薛发武	30.00
	13	《个性化课堂教学艺术：小学语文》	商德远	30.00
	14	《如何实现三维目标——让学生与文本共鸣的诵读教学》	张连元	30.00
	15	《想说　会说　有话可说——突破作文瓶颈的三维教学法》	杨和平	30.00
	16	《综合课的整合创新教学》	周辉兵	30.00
	17	《如何打造学生喜欢的音乐课堂》	张　娟	30.00
	18	《理想课堂的构建与实施——一个教研员眼中的理想课堂》	张玉彬	30.00
	19	《小学语文：决定教学质量的关键策略》	李　楠	30.00
	20	《用〈论语〉思想提升数学教育智慧》	胡爱民	30.00
	21	《童化作文——浸润儿童心灵的作文教学》	吴　勇	30.00
名校系列	22	《人本与生本：管理与德育的双重根基》	广州市广外附设外语学校	30.00
	23	《生本与生成：高效教学的两轮驱动》	广州市广外附设外语学校	30.00
	24	《世界视野与现代意识：校本课程开发的二元思维》	广州市广外附设外语学校	30.00
	25	《让每个生命都精彩——生命教育校本实践策略》	王鹏飞	30.00
	26	《好学校，从关注每个学生开始——石梅小学优质教育多元感悟》	顾　泳　张文质	30.00
鲁派名师教育探索者系列·	27	《追问历史教学之道》	钟红军	36.00
	28	《灵动英语课——高效外语教学氛围创设艺术》	邵淑红	30.00
	29	《校园，幸福教育的栖居》	武际金	30.00
	30	《复调语文——尊重生命自我成长的语文教学》	孙云霄	30.00
	31	《智趣数学课——在情感深处激发学生的数学智能》	王冬梅	30.00
	32	《高品位"悦读"——让情感与心灵更愉悦的阅读教学》	马彩清	30.00
	33	《品诵教学——感悟母语神韵的阅读教学》	侯忠彦	30.00
	34	《智趣化学课——在快乐中提升学生的科学素养》	张利平	30.00

系列	序号	书　　名	主编	定价
思想者系列	35	《回归教育的本色》	马恩来	30.00
	36	《守护教育的本真》	陈道龙	30.00
	37	《教育，倾听心灵的声音》	李荣灿	30.00
	38	《心根课堂——让教育随学生心灵起舞》	刘云生	30.00
	39	《做一个纯粹的教师》	许丽芬	26.00
	40	《率性教书》	夏昆	26.00
	41	《为爱教书》	马一舜	26.00
	42	《课堂，诗意还在》	赵赵（赵克芳）	26.00
	43	《今日教育之民间立场》	子虚（扈永进）	30.00
	44	《教育，细节的深度反思》	许传利	30.00
	45	《追寻教育的真谛——许锡良教育思考录》	许锡良	30.00
	46	《做爱思考的教师》	杨守菊	30.00
鲁派名校教育探索者系列	47	《博弈中的追求——一位中学校长的"零"作业抉择》	李志欣	30.00
	48	《大教育视野下的特色课程构建——海洋教育的开发实施》	白刚勋	30.00
名师教学手记系列	49	《唤醒生命的对话——孙建锋语文教学手记》	孙建锋	30.00
	50	《让作文教学更高效——王学东写作教学手记》	王学东	30.00
名校长核心思想系列	51	《智圆行方——智慧校长的50项管理策略》	胡美山 李绵军	30.0
	52	《做一个智慧的校长》	孙世杰	30.00
	53	《成为有思想的校长》	赵艳然	30.00
创新班主任系列	54	《班主任专业化成长策略》	杨连山	30.00
	55	《班级活动创新与问题应对》	杨连山 杨照 张国良	30.00
	56	《班集体建设与创新人才培养》	李国汉	30.00
	57	《神奇的教育场——打造特色班级文化创新艺术》	李德善	30.00
教研提升系列	58	《校本教研的7个关键点》	孙瑞欣	30.00
	59	《教师怎样做小课题研究——高效助力教师专业化成长》	徐世贵 刘恒贺	30.00
	60	《今天我们应怎样评课》	张文质 陈海滨	30.00
	61	《今天我们应怎样进行教学反思》	张文质 刘永席	30.00
	62	《一节好课需要的教育智慧》	张文质 姚春杰	30.00
优化教学系列	63	《高效教学组织的优化策略》	赵雪霞	30.00
	64	《高效教学方法的优化策略》	任辉	30.00
	65	《高效教学过程的优化策略》	韩锋	30.00
	66	《让教学更生动——激发兴趣让学生快乐认知》	朱良才	30.00
	67	《让教学更高效——策略创新让教学事半功倍》	孙朝仁	30.00
	68	《让教学更开放——拓展延伸让学生触类旁通》	焦祖卿 吕勤	30.00
	69	《让教学更生活——体验运用让学生内化知识》	强光峰	30.00
	70	《让知识更系统——整合与概括让学生建构体系》	杨向谊	30.00
	71	《让思维更创新——思辨与发散让学生思维活跃》	朱良才	30.00

系列	序号	书　名	主编	定价
创新语文教学系列	72	《曹洪彪新概念快速作文》	曹洪彪	30.00
	73	《小学语文：享受对话教学》	孙建锋	30.00
	74	《小学语文：名师教学目标落实艺术》	刘海涛　王林发	30.00
	75	《小学语文：名师魅力教学设计艺术》	刘海涛　王林发	30.00
	76	《小学语文：名师魅力课堂激趣艺术》	刘海涛　豆海湛	30.00
	77	《小学语文：单元整体教学构建艺术》	李怀源	30.00
	78	《小学作文：名师情趣课堂创设艺术》	张化万	30.00
名师名课系列	79	《名师如何炼就名课》（美术卷）	李力加	35.00
教师成长系列	80	《做会研究的教师》	姚小明	30.00
	81	《学学名师那些事》	孙志毅	30.00
	82	《给新教师的建议》	李镇西	30.00
	83	《教师心灵读本：成为有思想的教师》	肖川	30.00
	84	《教师心灵读本：教师，做反思的实践者》	肖川	30.00
幼师提升系列	85	《全国优秀幼儿健康教育活动课例评析》	教育部教育管理信息中心	30.00
	86	《全国优秀幼儿艺术教育活动课例评析》	教育部教育管理信息中心	30.00
	87	《全国优秀幼儿社会教育活动课例评析》	教育部教育管理信息中心	30.00
	88	《全国优秀幼儿语言教育活动课例评析》	教育部教育管理信息中心	30.00
	89	《全国优秀幼儿科学教育活动课例评析》	教育部教育管理信息中心	30.00
教师修炼系列	90	《班主任工作行为八项修炼》	杨连山	30.00
	91	《教师心理健康六项修炼》	李慧生	30.00
	92	《教师专业化五项修炼》	杨连山　田福安	30.00
	93	《课堂教学素养五项修炼》	刘金生　霍克林	30.00
	94	《高效教学技能十项修炼》	欧阳芬　诸葛彪	30.00
	95	《教师新师德六项修炼》	王毓珣　王颖	30.00
创新数学教学系列	96	《小学数学：名师教学目标落实艺术》	余文森	30.00
	97	《小学数学：名师高效教学设计艺术》	余文森	30.00
	98	《小学数学：名师易错问题针对教学》	余文森	30.00
	99	《小学数学：名师魅力课堂激趣艺术》	余文森	30.00
	100	《小学数学：名师同课异教》	林高明　陈燕香	30.00
	101	《小学数学：名师抽象问题艺术教学》	余文森	30.00
教育心理系列	102	《做最好的心理导师——中学生心理健康咨询手册》	杨东	30.00
	103	《每天学点教育心理学》	石国兴　白晋荣	30.00
	104	《学生心理拓展训练与指导》	徐岳敏	30.00
	105	《好心态成就好学生——学生心理问题剖析与对症教育》	李韦遴	30.00
教育通识系列	106	《用心做教师——青年教师快速成长的十大定律》	王福强	30.00
	107	《做最受学生欢迎的老师》	赵馨　许俊仪	30.00
	108	《做有策略的校长——经典寓言与学校管理智慧》	宋运来	30.00
	109	《做有策略的教师——经典故事中的教育启示》	孙志毅	30.00
	110	《从学生那里学教书》	严育洪	30.00
	111	《突破平庸——提升教育质量的31个跳板》	严育洪	30.00
	112	《教育，诗意地栖居》	朱华忠	30.00
	113	《好班规打造好班级》	赵凯	30.00
	114	《做学生成长的引领者——学生终身成长的素质培养》	田祥珍	30.00
	115	《如何管出好班级——突破班级管理的四大瓶颈》	刘令军	30.00
	116	《青春期性教育教师实用手册》	闵乐夫	30.00

系列	序号	书　名	主编	定价
高中新课程系列	117	《高中新课程：教师角色转变细节》	缪水娟	30.00
	118	《高中新课程：班主任新兵法细节》	李国汉　杨连山	30.00
	119	《高中新课程：教学管理创新细节》	陈文	30.00
	120	《高中新课程：更有效的评价细节》	李淑华	30.00
教学新突破系列	121	《把教学目标落实到位——名师优质课堂的效率管理》	冯增俊	30.00
	122	《拿什么调动学生——名师生态课堂的情绪管理》	胡涛	30.00
	123	《零距离施教——名师和谐师生关系的构建艺术》	贺斌	30.00
	124	《一个都不能落——名师提升学困生的针对教学》	侯一波	30.00
	125	《让学习变得更轻松——名师最能吸引学生的情境设计》	施建平	30.00
	126	《让知识变得更易学——名师改造难学知识的优化艺术》	周维强	30.00
名师讲述系列	127	《施教先施爱——名师讲述班主任的核心教导力》	杨连山　魏永田	30.00
	128	《在欢乐中成长——名师讲述最具活力的课堂愉快教学》	王斌兴	30.00
	129	《让学生做自己的老师——名师讲述如何提升学生自主学习能力》	徐学福　房慧	30.00
	130	《引领学生高效学习——名师讲述如何提高学生课堂学习效率》	刘世斌	30.00
	131	《教育从心灵开始——名师讲述最能感动学生的心灵教育》	张文质	30.00
教育细节系列	132	《名师最具渲染力的口才细节》	高万祥	30.00
	133	《名师最有效的沟通细节》	李燕　徐波	30.00
	134	《名师最有效的激励细节》	张利　李波	30.00
	135	《名师培养学生好习惯的高效细节》	李文娟　郭香萍	30.00
	136	《名师人格教育的经典细节》	齐欣	30.00
	137	《名师营造课堂氛围的经典细节》	高帆　李秀华	30.00
	138	《名师最有效的赏识教育细节》	李慧军	30.00
	139	《名师最有效的批评细节》	沈旎	30.00
教育管理力系列	140	《名校激励管理促进力》	周兵	30.00
	141	《名校安全管理执行力》	袁先潋	30.00
	142	《名校师资团队建设力》	赵圣华	30.00
	143	《名校危机管理应对力》	李明汉	30.00
	144	《名校校本研究创新力》	李春华	30.00
	145	《学校文化力建设策略》	袁先潋	30.00
	146	《名校长核心教育力》	陶继新	30.00
	147	《名校长高绩效领导力》	周辉兵	30.00
	148	《名校行政管理细节力》	杨少春	30.00
	149	《名校教学管理提升力》	张韬　戴诗银	30.00
	150	《名校学生管理教导力》	田福安	30.00
	151	《名校校园文化构建力》	岳春峰	30.00
大师讲坛系列	152	《大师谈教育心理》	肖川	30.00
	153	《大师谈教育激励》	肖川	30.00
	154	《大师谈教育沟通》	王斌兴　吴杰明	30.00
	155	《大师谈启蒙教育》	周宏	30.00
	156	《大师谈教育管理》	樊雁	30.00
	157	《大师谈儿童人格塑造》	齐欣	30.00
	158	《大师谈儿童习惯培养》	唐西胜	30.00
	159	《大师谈儿童能力培养》	张启福	30.00
	160	《大师谈早恋与性教育》	闵乐夫	30.00
	161	《大师谈儿童情感教育》	张光林　张静	30.00

系列	序号	书　　　名	主编	定价
教学提升系列	162	《方法总比问题多——名师转变棘手学生的施教艺术》	杨志军	30.00
	163	《用特色吸引学生——名师最受欢迎的特色教学艺术》	卞金祥	30.00
	164	《让学生爱上课堂——名师高效课堂的引导艺术》	邓　涛	30.00
	165	《拿什么打开思路——名师最吸引学生的课堂切入点》	马友文	30.00
	166	《没有记不牢的知识——名师最能提升学生记忆效果的秘诀》	谢定兰	30.00
	167	《让学生的思维活起来——名师最激发潜能的课堂提问艺术》	严永金	30.00

图书在版编目（CIP）数据

教育需要播种温暖：谢文东与儒雅教育/余香，陈柔羽，王林发著. —重庆：西南师范大学出版社，2015.1

（名师工程系列丛书）

ISBN 978-7-5621-7199-7

Ⅰ.①教… Ⅱ.①余…②陈…③王… Ⅲ.①教育工作－文集 Ⅳ.①G4－53

中国版本图书馆CIP数据核字（2014）第288554号

名师工程系列丛书

编委会主任： 马　立　宋乃庆
总策划： 周安平
策　划： 李远毅　卢　旭　郑持军　郭德军

教育需要播种温暖——谢文东与儒雅教育

余　香　陈柔羽　王林发　著

责任编辑：	任志林　李媛媛
文字编辑：	郑先俐
封面设计：	天之赋设计室
出版发行：	西南师范大学出版社
	地址：重庆市北碚区天生路1号
	邮编：400715　市场营销部电话：023-68868624
	http://www.xscbs.com
经　销：	新华书店
印　刷：	重庆市正前方彩色印刷有限公司
开　本：	720mm×1030mm　1/16
印　张：	11.25
字　数：	167千字
版　次：	2015年1月　第1版
印　次：	2017年6月　第2次
书　号：	ISBN 978-7-5621-7199-7
定　价：	28.00元

若有印装质量问题，请联系出版社调换

版权所有　翻印必究